FAIRE DES ADULTES

PSYCHOLOGIE ET SCIENCES HUMAINES

Paul-A. Osterrieth
Professeur à l'Université libre de Bruxelles

faire des adultes

Dix-huitième édition

PIERRE MARDAGA, EDITEUR
LIEGE-BRUXELLES

1re édition : janvier 1965
2e édition : juillet 1965
3e édition : décembre 1965
4e édition : novembre 1966
5e édition : septembre 1967
6e édition : juillet 1968
7e édition : mars 1969
8e édition : avril 1970
9e édition : septembre 1971
10e édition : septembre 1972
11e édition : octobre 1973
12e édition : mars 1975
13e édition : septembre 1976
14e édition : octobre 1978
15e édition : septembre 1980
16e édition : mai 1982
17e édition : février 1986
18e édition : décembre 1988

Galerie des Princes 2-4 - 1000 Bruxelles
Rue Saint-Vincent 12 - 4020 Liège
D. 1988-0024-59
I.S.B.N. 2-87009-012-9

Printed in Belgium

DU MEME AUTEUR

Introduction à la Psychologie de l'Enfant
Liège, Georges Thone, 1957. 4e édition: 1962
Paris, Presses universitaires de France, 1957. 4e édition: 1962
traduction grecque: Athènes, Campana, 1960
traduction espagnole: Madrid, Morata, 1962
traduction brésilienne: Sao Paulo, Companhia Editora Nacional, 1962
traduction polonaise: Warzawa, Nasza Ksiegarnia, 1962

L'Enfant et la Famille
préface du professeur Maurice Debesse
Paris, Editions du Scarabée, 1957

Avant-propos

D'aucuns vont partout répétant que la pédagogie est un art, ce qui, dans leur esprit, justifie le plus profond mépris pour les investigations systématiques et pour toute expérimentation dans le domaine de l'éducation. Les termes de « sciences pédagogiques » provoquent leur hilarité et ne leur inspirent que méfiance. Ce sont d'ailleurs généralement les mêmes qui pensent qu'en matière de pédagogie, le mieux est de faire comme on a toujours fait et de se fier aux dons innés du pédagogue.

D'autres affichent un mépris qui n'est pas moins marqué à l'égard de la pédagogie, parce qu'elle n'est pas une science et que les conditions dans lesquelles elle opère n'ont jamais la rigueur des expériences précises qu'ils réalisent en laboratoire. Ils se soucient au demeurant fort peu de la manière dont on élève les enfants et ne pensent pas que de telles préoccupations soient dignes de leur intérêt de « scientifiques ».

Il est pourtant permis de penser que si, en effet, la pédagogie est un art et si le talent pédagoqique est un don, il n'est guère d'artiste digne de ce nom qui ne cultive aussi la « science » de son art, qui n'étaye son talent par de sérieuses connaissances et qui ne cherche à améliorer sa sensibilité et sa technique par la recherche et l'information. Et s'il est bien vrai que la pédagogie n'est pas une science, au sens précis du terme, mais plutôt une action, une « praxie », il n'en reste pas moins qu'elle peut être considérablement enrichie et affinée par d'innombrables apports scientifiques et qu'elle offre un terrain particulièrement favorable à l'observation, à l'investigation, à la recherche « approchée », sinon absolument rigoureuse, ainsi qu'à l'application et à la vérification *in vivo* de bien des hypothèses élaborées dans le cadre de la recherche pure.

Si la psychologie est bien cette « étude du comportement » qu'elle prétend être, alors il est évident que les comportements liés à la situation éducationnelle ne lui échappent pas. Dans le cadre des applications concrètes, entre une psychologie industrielle orientée vers le domaine de la production adulte et une « guidance » informée par la psychologie clinique médicale, il existe une place importante pour un « human engineering » qui s'occuperait des problèmes que posent l'éducation et la formation des générations montantes, pour une psychologie éducationnelle ou pédagogique.

Alors que les administrations, les milieux des affaires et de l'industrie s'ouvrent de plus en plus aux apports de la psychologie, on s'étonne de voir, à chaque instant, combien les parents, les maîtres, les éducateurs sont encore peu sensibilisés à ces apports et combien leur préparation même souffre de carences importantes à ce propos. L'éclairage psychologique de la situation éducationnelle est encore relativement timide, dans ce pays, en regard de ce qui se fait ailleurs.

Le propos de ce petit livre est précisément de tenter de renforcer quelque peu cet éclairage, et de proposer aux éducateurs quelques perspectives dont on veut croire qu'elles pourraient leur être utiles.

Les quelques chapitres qu'on va lire trouvent leur origine dans un cours professé naguère à l'Université de Liège; ils n'ont entre eux que le lien constitué par la confrontation journalière de certains problèmes et de certaines pratiques de l'éducation et de l'enseignement avec les données de divers courants de la psychologie contemporaine. Ce livre n'est pas un traité de pédagogie, tant s'en faut. Il ne prétend même pas offrir un tableau tant soit peu complet de la psychologie pédagogique. Certains problèmes capitaux, comme par exemple ceux que soulèvent l'éducation artistique et esthétique ou l'éducation physique et sportive ont même été complètement négligés, faute de compétence, et il n'est pas davantage question de didactique ou de programmes, pour la même raison. Chacun s'apercevra d'ailleurs bien vite qu'il ne s'agit pas du travail d'un spécialiste de l'école, mais simplement de celui d'un psychologue, particulièrement intéressé par l'éducation, tant familiale que scolaire, et qui a la faiblesse de croire qu'il s'agit là d'un sujet capital.

Si cet ouvrage, tout sommaire et lacunaire qu'il soit, pouvait contribuer à sensibiliser davantage les éducateurs familiaux et professionnels aux apports de la psychologie et les engager à pousser leurs recherches et leurs réflexions dans cette direction, il aurait largement atteint son but.

Chapitre premier
Le but de l'éducation

Il est curieux de constater que lorsqu'on demande aux personnes ayant charge d'éduquer les enfants de préciser les fins qu'elles poursuivent dans cette activité, on les plonge souvent dans la perplexité. Parents, enseignants, éducateurs de toute sorte semblent ne pas avoir toujours une idée fort claire du but qu'ils assignent à leurs démarches éducatives. Peut-être nous est-il tellement évident qu'il faille éduquer les enfants, et cette activité nous semble-t-elle si bien aller de soi, que nous ne réfléchissons plus beaucoup aux finalités de l'entreprise. N'est-ce pas peut-être cette absence de perspective et d'orientation que l'on trouverait à l'origine de certains maux dont souffre notre société, ainsi que de ces carences que d'aucuns se plaisent à souligner en parlant des résultats de l'enseignement ou de l'éducation en général ? Eduquer sans savoir dans quel but risque évidemment de ne pas avoir beaucoup de sens ni d'efficacité.

Or, il nous est toujours apparu que la formulation, même sommaire, du but que l'on poursuit en éduquant aidait considérablement à faire face aux innombrables problèmes que soulève à chaque pas la pratique éducative. Les données positives de la psychologie, auxquelles l'éducateur peut être amené à recourir pour résoudre ces problèmes, ne peuvent y suffire par elles-mêmes si quelque but n'est pas d'abord fixé : ces données peuvent en effet tout aussi bien être utilisées à des fins anti-éducatives. Ainsi, par exemple, la sévérité a incontestablement des effets et elle provoque souvent chez l'enfant des attitudes de soumission et de dépendance qui peuvent s'avérer commodes dans le cadre de l'éducation; mais seule la détermination du but éducationnel peut nous dire si de telles attitudes sont souhaitables et si elles doivent être recherchées.

Où veut-on en venir ? Quelle fin estime-t-on devoir poursuivre ? Quel est le résultat auquel on veut arriver, à long terme ? Il est salutaire de se poser ces questions dès avant de s'engager dans le processus éducatif et surtout de les garder bien présentes à l'esprit tout le long du chemin et chaque fois qu'un problème se pose. Sinon on risque de perdre de vue l'essentiel, de s'accrocher à des finalités accessoires, voire même de « faire de l'éducation » sans but...

Aussi allons-nous avant tout essayer de nous faire une idée du but de l'éducation et de préciser le sens général qu'il convient de donner au processus éducatif. Laissant à d'autres, plus qualifiés, le soin d'élaborer dans le détail cette philosophie de l'éducation et de la finalité éducationnelle qui devrait, à notre sens, constituer le fondement de toute action pédagogique, à quelque niveau qu'elle se situe, nous nous contenterons ici d'une formulation peut-être assez élémentaire, qui n'a rien d'original, sans doute, mais qui s'est avérée susceptible de rendre service dans la pratique.

De prime abord, et sans compliquer les choses, l'éducation apparaît évidemment comme le processus aux innombrables aspects par lequel les adultes d'une société donnée tentent d'intégrer les jeunes, nouveaux venus, à cette société en leur proposant et en leur imposant les modalités comportementales propres à celle-ci. Délibérément et inconsciemment à la fois, nous transmettons à nos enfants nos usages, nos techniques, nos valeurs; nous leur enseignons à agir et à penser comme nous; nous les enrichissons de nos tours de main et de nos façons de voir, de sentir, de réagir. Convergeant avec les tendances propres à l'enfant, qui le poussent à imiter les adultes et à s'identifier à eux, la « pression sociale » et l'éducation exercent sur lui une action conformante qui assure le maintien et la pérennité de la société. Les deux phrases: « Voici comment il faut faire » et « Non, tu ne peux pas faire cela » résument en quelque sorte toute cette perspective, selon laquelle nous visons à faire de nos enfants des adultes en tous points semblables à nous.

Mais on peut aussi envisager le phénomène éducation en partant, non pas de la société, telle qu'elle existe, mais bien de l'enfant et de ses caractéristiques fondamentales. On notera alors que le petit de l'Homme présente cette particularité, soulignée par tant d'auteurs, d'être à la fois, au départ, beaucoup plus « inachevé » et plus démuni que la plupart des petits des mammifères supérieurs, et d'être beaucoup plus malléable qu'eux. Aussi son devenir est-il, si l'on peut dire, beaucoup moins assuré, beaucoup plus aléatoire, beaucoup moins « automatique » que le leur, dépendant davantage de ses expériences et des influences qu'il subit. L'animal devient « naturellement » un adulte de son espèce. L'enfant doit faire l'apprentissage de son humanité pour devenir un homme adulte; cet état adulte dépend autant et probablement davantage de facteurs culturels que de facteurs biologiques. La fonction de l'enfance et de l'éducation, c'est précisément de permettre et d'assurer ce devenir adulte. « L'enfant n'est pas enfant parce qu'il est petit, écrivait CLAPAREDE au début de ce siècle, il est enfant pour devenir adulte. » Et c'est en ce sens que LANGEVELD soulignait naguère que l'enfant est un «*animal educandum*», un « animal-devant-être-éduqué » pour atteindre l'état adulte humain, lequel ne lui est pas garanti automatiquement.

Selon cette perspective, l'éducation nous apparaît comme la condition *sine qua non* de l'éclosion et de l'élaboration des caractéristiques de l'homme adulte; elle constitue donc une nécessité impérieuse pour le devenir de l'individu lui-même qui, sans elle, n'atteint pas la stature adulte propre à son espèce. Elle nous apparaît comme la réponse que donne la société à l'impuissance, à la chétivité et à la relative indétermination de l'enfant, comme le soutien qu'elle apporte à sa « pauvreté biologique » (toute apparente, puisqu'elle fait sa richesse !). Le but de l'éducation, ce n'est plus seulement dans ce cas assurer la pérennité de la société; c'est solliciter l'éclosion de l'adulte dans l'enfant, c'est aider celui-ci à devenir adulte, c'est, en un mot, en faire un adulte.

Il est clair que les deux perspectives que nous venons d'évoquer ne sont pas contradictoires et qu'elles sont même largement complémentaires. Devenir un adulte, c'est sans doute aussi s'intégrer au groupe des adultes, tel qu'il existe, et en assurer la continuité. Etre conduit à adopter les modes de comportement des adultes, c'est sans doute aussi une manière de devenir adulte. Mais si, en un sens, elles se recouvrent, nos deux façons d'envisager la finalité éducationnelle s'opposent pourtant, nous semble-t-il, par le point sur lequel elles font porter l'accent.

En effet, rendre l'enfant semblable à nous-mêmes, le conformer aux adultes qui l'entourent, l'intégrer au groupe existant, n'est-ce pas aussi, en quelque sorte, poser un terme à son développement et une limite à l'objectif éducationnel ? N'est-ce pas implicitement fermer la porte à des éventualités imprévues de son évolution ? Si un tel objectif a pu convenir parfaitement à une société figée, fermée, et essentiellement conservatrice, on voit l'obstacle qu'il risque de constituer pour une société en complète mutation. Sans doute, notre culture nous paraît-elle mériter de ne pas disparaître, du moins par nombre de ses aspects dont il importe assurément d'assurer la pérennité. Mais s'il est présomptueux de voir dans l'adulte moyen, tel qu'il se présente aujourd'hui, le terme à atteindre en matière d'éducation, il est de surcroît peu raisonnable de fabriquer des adultes conformes à nous-mêmes et à nos pères alors que ces adultes sont destinés à vivre dans un monde qui sera fort différent du nôtre et qu'ils devront faire face à des changements de plus en plus rapides, tels que les annoncent les observateurs les plus attentifs de l'évolution actuelle.

Déjà les jeunes vivent dans un monde différent de celui de leurs aînés et pour lequel ceux-ci ne leur offrent plus toujours les modèles adéquats; ces modèles vaudront encore moins pour le monde qui s'élabore. C'est ce que souligne, par exemple, un rapport récent du Centre d'Etudes Prospectives de Paris : « Les jeunes n'auront plus à devenir comme leurs parents ». Ils auront à découvrir et à juger un monde nouveau, pour en construire, de leur vivant, un meilleur. L'éducation ne consiste plus seulement à apprendre ce que d'autres avaient fait, mais elle doit apprendre à faire ce que les autres n'avaient pas encore fait [1] *.

C'est à une telle orientation, nous semble-t-il, que répond la seconde perspective, évoquée à l'instant. En effet, elle fait davantage porter l'accent sur l'éveil et le développement des potentialités humaines chez l'individu que sur sa conformisation aux modalités nécessairement limitées du comportement d'un groupe déterminé. Elle laisse entrevoir que le jeune, dans son développement, puisse innover et franchir les limites jusque-là usuelles. Et l'éducation y apparaît comme une aide que la société apporte à l'enfant non pas tant pour qu'il se modèle sur elle mais pour qu'il puisse, le cas échéant, dépasser l'exemple imparfait et limité qu'elle lui offre. Axer l'éducation sur les potentialités comportementales de l'adulte plutôt que sur les comportements effectifs d'un groupe déterminé, c'est admettre que l'enfant ne doive pas nécessairement « devenir comme nous » mais pour qu'il puisse, si possible, faire mieux et aller plus loin, inventer des comportements nouveaux et donner corps à des capacités nou-

* Les références bibliographiques ont été reportées à la fin du volume.

velles: c'est ouvrir la porte à des développements insoupçonnés. Si une telle perspective n'a sans doute jamais été totalement absente chez les grands pédagogues du passé, elle paraît, par son caractère progressiste et « ouvert », particulièrement en accord avec les courants qui animent une société en pleine transformation, dont l'avenir ne sera pas identique au passé.

Mais si l'éducation se veut plus attentive à promouvoir et à développer les caractéristiques adultes qu'à reproduire les usages d'un groupe donné, encore faudrait-il s'entendre sur ces caractéristiques ! Est-il possible de faire l'inventaire des principaux traits caractérisant la maturité humaine? Ceux-ci ne sont-ils pas précisément relatifs à une situation historique sociale et culturelle donnée? Nous ne pouvons évidemment pas partir d'une hypothétique image de l'adulte absolu; nous sommes bien contraints de partir de notre situation réelle et relative, telle que nous la vivons et telle que nous l'évaluons.

Et justement, dans ces limites temporelles et culturelles, la psychologie peut nous apporter quelques lumières. Elle ne se contente pas, en effet, de définir l'état adulte par le recours aux notions banales d'âge, de nubilité ou de capacité à assurer sa subsistance. Elle tente de le définir plutôt par référence aux modalités comportementales qui le caractérisent. La psychologie génétique constate et décrit une évolution, une courbe de croissance, une marche d'élaboration permettant d'opposer des comportements plus frustres, plus primitifs, plus infantiles à des comportements plus évolués, plus tardifs, plus adultes. La psychologie clinique, de son côté, décèle de nombreuses survivances infantiles chez des individus qui, par leur âge et leur fonction sociale, font pourtant figure d'adultes; certaines d'entre elles, par leur présence anachronique, perturbent le comportement, entravent l'adaptation biologique et sociale de ces personnes et provoquent chez elles l'insatisfaction et la souffrance. Il paraît possible, selon ces lignes, et sans doute de manières différentes selon les cultures, de différencier l'adulte de l'enfant d'une part, l'adulte équilibré et psychiquement évolué de l'adulte troublé, inadapté ou fruste, d'autre part.

Dès lors, il est peut-être possible de se hasarder à esquisser un tableau des principales caractéristiques adultes telles qu'elles ont été décrites par les psychologues, ce qui délimiterait du même coup les objectifs essentiels de l'éducation. Inutile de dire que, dans cette tentative, il ne faut pas voir le portrait, pris sur le vif, de quelque adulte idéal qui d'ailleurs n'existe pas, mais simplement un essai de groupage des traits adultes les plus spécifiques.

Au caractère diffus, épars, flottant, non hiérarchisé, tour à tour stéréotypé ou fluctuant du comportement infantile, on oppose généralement la consistance et la cohérence du comportement adulte. Continuité et persistance dans l'orientation des conduites, prise en considération des circonstances de la réalité dans la poursuite des objectifs, prise en considération du passé, notamment dans l'utilisation de l'expérience acquise et dans le respect des engagements souscrits, prise en considération de l'avenir, notamment dans la prévision et la programmation des démarches et dans l'acceptation d'engagements nouveaux, congruence de la pensée, de la parole, de l'action, contrôle des mouvements, des impulsions, des affects, des démarches mentales... autant de traits que l'on s'accorde à considérer comme témoignant de l'organisation, de l'intégration, de la hiérarchisation de l'appareil psychique chez l'adulte.

La solidité de cette organisation se révèle non seulement dans sa résistance aux attaques de l'extérieur et dans sa persistance à l'égard des obstacles qu'elle rencontre, mais tout autant dans sa souplesse et dans ses possibilités d'accommodation. L'adulte ne cède pas à la moindre suggestion, il ne se rend pas à la plus légère pression, il ne désarme pas dès qu'apparaît l'opposition; il sait, si nécessaire, accepter le conflit et la lutte. Mais, d'un autre côté, il présente un degré de tolérance élevé au changement, à la contradiction, à la frustration, à l'insécurité. Son organisation psychique n'explose pas en agressivité tumultueuse dès que surgit un obstacle; elle ne se désintègre pas dans l'angoisse dès qu'apparaît une menace. Le cas échéant l'adulte sait accepter la contrainte, il sait postposer la satisfaction de ses désirs, il sait se soumettre à l'inéluctable; il sait ne pas se cacher la réalité lorsqu'elle est déplaisante pour lui et ne cherche pas à se donner le change. Son organisation psychique n'est ni rigide, ni crispée; combien de fois n'a-t-on pas souligné, en particulier, que la véritable maturité implique aussi la capacité à éprouver émotions et sentiments, à les exprimer de manière adéquate, à ne pas refuser leur apport fécondant et dynamogène sans pour autant se laisser submerger par leur violence?

On peut aussi opposer à juste titre l'autonomie de

l'adulte à la dépendance de l'enfant, tant en ce qui concerne sa subsistance et la satisfaction de ses besoins qu'en ce qui concerne les manifestations de son activité et ses prises de position directrices. Là où le petit ne peut que s'en remettre à autrui, suivre, imiter, se conformer et obéir, l'adulte fait preuve d'initiative et d'une large autodétermination. Il revendique la responsabilité de ses actes et n'en impute pas les conséquences à autrui ou au destin. Il s'accepte responsable de lui-même; il n'attend pas des autres la satisfaction ou la réalisation de ses objectifs, mais il ne croit pas pour autant que tout ne dépend que de lui. Si l'adulte s'engage ou s'il s'oppose, ce n'est ni par mimétisme ni par emportement, mais après délibération. Quant aux décisions qu'il prend, elles ne sont pas purs fantasmes mais tiennent compte du « principe de réalité », ce qui n'implique pas qu'elles manquent obligatoirement d'envolée. Toutefois, contrairement à l'enfant, l'adulte ne se croit pas tout-puissant; il se sait déterminé sans que ce soit prétexte à toutes les démissions. Il n'a pas besoin de se donner le change, de se tromper lui-même quant à ses mobiles et à ses intentions, de s'ennoblir à ses yeux et à ceux d'autrui par toutes sortes de « mécanismes de défense » plus ou moins fallacieux. Il essaye de prendre ses distances à l'égard de soi-même, de se voir objectivement; il se critique et sait rire de soi, tout en s'acceptant tel qu'il est, sans satisfaction naïve ou orgueilleuse.

Organisation hiérarchisée et autonomie se manifestent dans l'activité personnelle et orientée de l'individu. Comme l'enfant, mais sur un mode tout différent, l'adulte s'affirme; il agit sur son entourage matériel et social. Cette activité, structurante et productive, est pour lui source de développement personnel, de satisfaction et de joie. Elle n'est pas égocentrique mais tient compte de la réalité ambiante; elle peut être agressive, le cas échéant, mais n'est pas outrageusement égoïste. S'il se veut autonome et se sait responsable de son indépendance matérielle, l'adulte vit pourtant avec ses partenaires humains sur un pied d'échange, de coopération et de réciprocité qui s'inscrit aux antipodes du parasitisme du nourrisson. L'adulte sait d'ailleurs que l'échange est une condition de la vie; il est en pleine interaction consciente avec tout son milieu; il se sent solidaire du monde, il est ouvert sur le monde et ne se referme pas sur lui-même, il sait donner autant que recevoir. Si même sa méditation ou sa contemplation dépassent éventuellement le cadre des échanges terre à terre de la vie journalière, l'adulte ne se détourne pas pour autant de son prochain. Son affirmation de soi, énergique et vigoureuse, s'intègre dans les circuits du groupe humain et bénéficie de celui-ci. Réaliste, l'adulte l'est aussi en ce sens qu'il essaye d'accepter les autres tels qu'ils sont et d'admettre qu'ils soient autres que lui; son effort d'objectivité à leur égard n'exclut pas la générosité ni d'ailleurs la fermeté. Cette objectivité culmine, paradoxalement, dans un véritable don de soi, manifeste notamment dans les liens intimes que l'adulte sait établir avec ses proches: partenaire conjugal, enfants ou amis, mais qui peut aussi s'étendre généreusement au-delà de ce cercle limité. Enfin, ce constant partage avec autrui n'implique aucun amenuisement de soi; l'adulte ne l'éprouve pas comme un appauvrissement ni comme une menace pour l'intégrité de sa personne, mais bien au contraire comme un enrichissement et comme un accomplissement essentiel.

L'énumération sommaire que l'on vient de lire, rédigée à dessein en termes généraux, ne doit surtout pas faire perdre de vue la multiplicité des structures individuelles et plus ou moins originales selon lesquelles peuvent s'ordonner ces traits, ni la gamme quasi infinie des colorations sous lesquelles ils peuvent apparaître dans la réalité. De surcroît, on devrait sans doute compléter le tableau par le rappel de caractéristiques que l'adulte partage avec l'enfant : il n'est guère douteux que des traits tels que, par exemple, la spontanéité, la curiosité, le besoin de comprendre, la capacité d'aimer se rencontrent aussi bien chez l'un que chez l'autre et que l'éducation se devrait de les entretenir et de les développer. Mais nous visions plutôt à souligner ce par quoi la maturité se différencie de l'enfance, et nous croyons par là même avoir dégagé quelques éléments capitaux du but vers lequel devrait tendre l'éducation.

Mais cet adulte, dont nous venons de rappeler les linéaments généraux les plus caractéristiques, nous savons qu'il est appelé à vivre dans un monde toujours plus éloigné des formes de civilisation traditionnelles. On peut augurer que ce monde nouveau qui s'élabore sous nos yeux, sous l'effet du progrès technique, sera marqué par la complexité croissante des problèmes et par la multiplication des rapports humains, et, s'il paraît promettre à l'homme des loisirs accrus et généralisés, il lui imposera en retour, par sa mobilité même, des changements continuels dans ses modes d'action et de pensée ainsi que des responsabilités accrues. Il faudra donc apprendre aux hommes, comme l'écrit M. Louis ARMAND, « à vivre dans un monde aux dimensions transformées et aux données mouvantes, alors que des siècles durant il s'agissait avant tout de leur apprendre à s'imprégner des traditions sur lesquelles était fondé le fonctionnement de la société statique »[2]. Et les auteurs du rapport du Centre d'Etudes Prospectives consacré à « L'enfant et l'Avenir » lui font écho: « il faudra dans l'avenir de plus en plus d'hommes capables de modeler le présent, d'infléchir les événements sans éluder les difficultés. Cela suppose que, jeunes, ils auront appris à désirer fortement et se seront exercés à terminer les tâches entreprises. De même, le monde futur s'annonce comme celui des groupes nombreux, du travail en équipe, des échanges incessants. Il faudra, pour coopérer, partager et convaincre, avoir triomphé de la mollesse ou de l'avidité naturelle, avoir acquis une sociabilité et une générosité réelle... »[3].

Dans ce rapport, d'un intérêt capital pour quiconque se soucie d'éducation, figure une esquisse des qualités qui seront nécessaires à l'adulte de demain[4]. Sans en reprendre les termes par le menu, il n'est pas hors de propos d'en rappeler ici l'essentiel. A côté d'une santé robuste permettant de faire face à une vie intense, aux rythmes variés, les auteurs soulignent l'importance de l'équilibre de la personnalité et de ses capacités diverses et complémentaires, tant cognitives qu'affectives et sensibles, permettant la rapidité de décision et les réactions adéquates à l'inattendu, mais aussi la patience et la modération; ils montrent la nécessité d'une confiance ferme, optimiste et efficace dans la possibilité de maîtriser des problèmes nouveaux et toujours plus complexes; ils insistent sur le rôle croissant d'une sociabilité réelle et sincère impliquant, non seulement l'aptitude au dialogue et à la collaboration, mais encore la conscience d'une véritable solidarité « planétaire », avec l'acceptation des contraintes qu'elle suppose; ils signalent enfin l'importance de la culture d'esprit, autorisant à côté d'une spécialisation professionnelle qui sera toujours plus poussée, un large accès aux problèmes généraux, alimentant la méditation et l'approfondissement personnels. L'aptitude aux changements, aux remaniements périodiques, la capacité d'initiative et d'imagination, l'attention à autrui et la sensibilité aux rapports interhumains constituent apparemment les éléments les plus saillants et les plus « nouveaux » de cette personnalité nouvelle qu'appellent de leurs vœux ceux qui s'interrogent à propos de l'avenir.

On ne constate, remarquons-le, aucune antinomie marquée entre l'image théorique de l'adulte que nous avons demandée aux psychologues et celle de l'adulte de demain que nous proposent les artisans de la prospective. Elles nous paraissent même se recouvrir assez largement.

Quoi qu'il en soit, nous voilà en possession d'éléments utiles à notre propos. Si *éduquer, c'est conduire l'enfant vers l'état adulte, en tenant compte du fait qu'il sera adulte demain, dans un monde nouveau, et non hier, dans un monde traditionnel,* alors nous voyons mieux, peut-être, dans quelle direction devrait utilement tendre l'effort éducatif et nous distinguons mieux les orientations que l'éducateur doit avoir présentes à l'esprit, si vraiment il se propose d'éduquer. Le but éducationnel nous apparaît à présent de manière plus large et plus complète que selon les perspectives usuelles dont on se contente en général, lorsqu'on envisage l'éducation en termes d'aptitude à gagner sa vie ou à occuper une telle situation, ou en termes de culture générale, de bonnes manières ou de moralité. Dire qu'éduquer consiste à favoriser l'éclosion et à promouvoir l'établissement des caractéristiques adultes dont il a été question dans les pages qui précèdent, c'est rappeler que l'éducation ne vise pas simplement à développer la santé ou l'instruction, la culture ou l'efficacité professionnelle, la volonté ou la sociabilité, la moralité même, mais que chacun de ces éléments, dont aucun à lui seul ne définit l'adulte, s'intègre dans la finalité éducationnelle comme il va devoir se trouver étroitement intégré aux autres dans l'unité de la réalisation progressive et personnelle de l'adulte.

Si tel est bien le but de l'éducation, alors on voit s'estomper les distinctions, artificielles quant à ce but, que l'on se plaît à entretenir entre éducation familiale, éducation scolaire, éducation par le troisième milieu, ou du moins on aperçoit que si ces conditions peuvent être faites, c'est qu'elles ne concernent pas l'essentiel de la finalité éducative mais seulement certaines des circonstances ou certains aspects de l'éducation. En réalité, tout le processus éducatif, sous ses modalités diverses, vise au même but, qui concerne l'unité de la personne adulte; il n'est peut-être pas inutile de le rappeler à une époque où, notamment, la famille rejette volontiers ses responsabilités propres sur l'école, celle-ci le lui rendant bien d'ailleurs.

D'autre part, le but éducationnel étant précisé, on entrevoit aussitôt en quoi consistera la contre-éducation. A cet égard, le psychologue qui réfléchit un instant à certaines pratiques « éducatives » fort en honneur ne peut s'empêcher de penser que notre société fabrique, volontairement ou non, un nombre considérable de non-adultes, soit par simple ignorance ou négligence du but éducationnel, soit par confusion de buts occasionnels ou partiels avec le but général. Il n'est pas difficile d'apercevoir comment un régime éducatif qui ne vise qu'à faire un « enfant sage » ou qui ne se préoccupe pas de produire un « premier de classe » ou un « débrouillard » risque bien de ne pas lancer dans la vie un adulte. En bref, et sans y insister pour l'instant, il apparaît que l'on pourra ranger sous la rubrique de la contre-éducation toutes les influences, situations, attitudes ou mesures qui auront évidemment pour conséquence de retarder ou d'empêcher l'éclosion des caractères adultes rappelés ci-dessus, d'en provoquer une éclosion nocive parce que prématurée ou hâtive, ou d'en occasionner la mutilation ou la déformation plus ou moins monstrueuse.

Avoir présente à l'esprit cette image de l'adulte, but de l'éducation, telle que nous avons essayé de la préciser, peut nous aider à mieux orienter et centrer nos efforts éducatifs, à éviter les pièges parfois tentants de la contre-éducation et, enfin, à utiliser plus intelligemment et de manière à la fois plus consciente et plus contrôlée dans notre action pédagogique les données utiles que nous fournit la psychologie. Ce n'est qu'en fonction du but éducationnel et en se référant à lui que ces apports s'intégreront valablement dans l'action éducative.

Chapitre deuxième
Changer, grandir, apprendre

Sans doute n'a-t-on rien avancé de bien original en rappelant que l'éducation a pour fonction de conduire l'enfant vers l'état adulte ou qu'elle a pour but de promouvoir chez lui l'organisation graduelle du comportement selon les modalités correspondant aux caractéristiques les plus essentielles du psychisme adulte. Mais il n'est pas inutile de s'arrêter un instant à ces banalités, que l'on perd un peu trop facilement de vue, et de se demander ce qu'elles impliquent.

Puisque l'enfant n'est précisément pas un adulte, éduquer signifie donc: *le changer, le faire changer, favoriser et promouvoir des changements dans son organisation comportementale*. Et ces changements auront une orientation déterminée selon l'idée que l'on se fait de l'homme adulte dans la société où vit cet enfant et selon l'image de l'adulte que cette société propose à l'enfant. En termes familiers, ce changement s'appelle aussi grandir, devenir grand, c'est-à-dire se rapprocher de l'état adulte. Et rien n'empêche, nous semble-t-il, de désigner également ce changement par le verbe apprendre si l'on admet, avec la plupart des auteurs, qu'apprendre consiste à « doter l'organisme de propriétés fonctionnelles nouvelles » (REY), en général durables, ou encore à modifier et à enrichir le répertoire comportemental d'un individu. Changer, grandir, apprendre peuvent être considérés comme pratiquement synonymes dans une large mesure, quand il s'agit de l'enfant et de sa situation propre : comme le note quelque part LANGEVELD, « être enfant et apprendre sont liés fonctionnellement » ; l'enfant ne grandit qu'en changeant et en apprenant.

De manière générale, les adultes sont, en effet, conscients de ce qu'éduquer consiste à faire changer le comportement enfantin, et ils sont fort portés à s'activer dans ce but. Les moyens auxquels ils recourent à cette fin sont bien connus de chacun : ce sont d'une part les discours, les admonestations et les explications de toutes sortes et c'est, d'autre part, le jeu traditionnel des punitions et des récompenses. Assurément ces moyens séculaires ne sont pas sans effet mais, à l'examen, il apparaît que la croyance à leur efficacité est largement surfaite : n'est-elle pas très souvent démentie par les faits ? On peut penser, en outre, que cette croyance empêche de considérer les choses dans toute leur complexité et dans toute leur étendue. Il serait bien naïf, en effet, de penser que l'enfant ne change que sous l'action de nos démarches éducatives ou prétendues telles et de croire qu'éduquer se limite à faire des discours, à punir ou à récompenser.

En réalité, l'enfant change tout le temps; il se développe sans arrêt, son répertoire comportemental se modifie sans cesse, tantôt de manière très discrète, tantôt de manière spectaculaire. Ces changements peuvent se produire à la faveur de nos tentatives délibérées d'éducation, mais aussi bien malgré elles ou tout à fait indépendamment de celles-ci : on le voit bien dès le berceau, à un moment où nos interventions éducatives sont encore fort limitées. On peut dire, sans exagérer, que l'enfant change, grandit, apprend sans discontinuer, et même qu'il ne peut faire autrement, quelles que soient nos intentions. Une façon commode de se représenter les choses consiste à voir le tout jeune enfant comme un « faisceau d'énergies », fort peu organisé à l'origine et de forme peu définie. Ces énergies se manifestent à la fois dans le sens de l'accaparement, de l'avidité aux dépens du monde ambiant et dans celui de l'expansion et du déploiement dans ce monde. S'assimiler l'entourage et s'imposer à lui semblent être les tendances fondamentales et complémentaires du « faisceau d'énergies » originel, et elles se manifestent très tôt, bien que de manière diffuse et peu différenciée au début. Selon les lignes imposées par les caractéristiques constitutionnelles qui lui sont propres, et en fonction des interactions de toute nature qu'il a avec l'univers qui l'entoure, le « faisceau » va graduellement s'organiser et prendre forme. Des modalités comportementales différenciées et typiques vont s'élaborer, dont la structure d'ensemble particulière correspondra à ce que nous appelons couramment un psychisme ou une personnalité. Cette organisation d'ensemble continuera d'ailleurs à évoluer et à se modifier tant que dureront les échanges et les interactions avec le milieu.

Sans doute les caractéristiques constitutionnelles ont-elles une importance que l'on aurait grand tort de sous-estimer. Le moins que l'on puisse en dire est que, à côté de leur rôle de sensibilisateur ou de filtre à l'égard des stimulations émanant du milieu, elles exercent sans doute une fonction organisatrice fondamentale. Mais on s'accorde aujourd'hui à penser que ces caractéristiques n'épuisent pas la question. Si l'on peut parler d'une « maturation », d'un développement comportemental étroitement lié à la croissance organique et particulièrement, en ce qui nous concerne, à celle du système nerveux, on admet pourtant que cette maturation elle-même n'est pas indépendante de l'exercice, soit donc des contacts et des échanges du « faisceau d'énergies » avec le monde ambiant. On peut considérer ces interactions comme les générateurs des changements qui nous intéressent en matière de psycho-pédagogie et leur succession, leur histoire, comme l'un des principaux déterminants de l'élaboration de la personnalité. Il est évident que ces contacts et ces interactions débordent de loin, en fréquence et en extension, le cadre des démarches éducatives délibérées; ils correspondent en fait à toutes les expériences vécues par l'organisation psychique.

Une notion essentielle dans la perspective de changement qui nous intéresse ici est celle de *« résidu comportemental »*. On désigne par là ce fait d'observation, capital pour notre propos, que toute expérience vécue laisse une « trace », a un effet, se manifestant par une modification du comportement subséquent. L'exemple classique du jeune enfant qui se brûle la main au poêle illustre fort bien ce phénomène : il est notoire qu'après cette expérience pénible le comportement de l'enfant à l'égard du poêle aura changé. La probabilité sera très grande, en effet, de voir apparaître des réponses d'évitement qui n'existaient pas auparavant à l'égard de cet objet : il y a donc changement du comportement, et nous disons familièrement que l'enfant a appris quelque chose. L'événement, l'expérience, l'épisode, quels qu'ils soient, modifient dans une certaine mesure la structure existante du « faisceau d'énergies », provoquent un remaniement dans l'organisation des éléments antérieurement présents. Toute expérience nouvelle ne vient pas simplement s'ajouter de manière additive à l'organisation psychique antérieure, mais en provoque nécessairement le remaniement, impliquant donc une réorganisation plus ou moins considérable de l'ensemble, et le comportement ultérieur s'en trouve modifié.

Ainsi peut-on dire que chaque événement laisse l'enfant plus ou moins différent de ce qu'il était auparavant, la « croissance mentale » n'étant donc en fait que la succession des innombrables réorganisations du « faisceau d'énergies » au gré des expériences de l'enfant. Et l'observation du bébé — comme celle de l'animal — montre bien que ces réorganisations n'impliquent pas nécessairement un raisonnement conscient.

Illustrons encore cette notion par un autre exemple. Un gamin de deux ans et demi désire ardemment un objet qui se trouve hors d'atteinte. Après un certain nombre de vaines tentatives pour se l'approprier, il se met à hurler et à trépigner, tant et si bien que sa mère, apitoyée, lui donne finalement l'objet convoité, et tout rentre dans le calme. Mais le résidu comportemental de cette expérience apparaîtra fort bien quand l'enfant se retrouvera dans une situation analogue : la probabilité sera très grande qu'il se remette à hurler

> et à trépigner : c'est devenu sa « technique » pour obtenir les objets hors d'atteinte. Son « organisation comportementale » a été modifiée, son répertoire comportemental a été enrichi par une expérience déterminée : l'enfant a appris quelque chose qu'il aurait pu aussi bien ne pas apprendre si l'expérience première s'était déroulée autrement. Il aurait pu apprendre, par exemple, que les cris et les trépignements sont sans effet sur la réalité et qu'ils ne contribuent en rien à faire venir les objets hors d'atteinte, alors que d'autres comportements provoquent ce résultat heureux. Dans ce cas, la probabilité de voir réapparaître les manifestations rageuses dans une situation analogue eût été bien plus réduite.

Bref, les expériences de l'individu laissent un résidu comportemental, c'est-à-dire qu'elles modifient son organisation comportementale. Il importe toutefois d'apporter aussitôt une importante restriction à cette loi du changement. Quand nous parlons d'expérience, d'événement ou d'épisode engendrant un résidu comportemental, il faut bien comprendre que nous ne nous plaçons pas dans la perspective d'un observateur extérieur, rigoureusement neutre et objectif, qui enregistrerait tous les événements se présentant effectivement. C'est là l'erreur de perspective que commettent constamment les éducateurs et les adultes en général. En réalité, il ne s'agit évidemment que des épisodes, des événements et des expériences qui sont significatifs par rapport à l'organisation psychique du sujet, qui peuvent être perçus comme tels par cette organisation, qui sont « vécus » par l'individu. Il ne suffit donc pas de prendre en considération l'événement objectif survenant à un moment donné. Cet épisode n'a d'effet, d'importance, de résonance et ne donne donc lieu à un résidu qu'en fonction de l'état de l'organisation psychique à ce moment, de son niveau d'élaboration.

C'est de cette organisation psychique au moment de l'événement que dépend le retentissement qu'aura ou n'aura pas cet événement, c'est elle qui fait que, psychologiquement, l'épisode a lieu, avec telle ou telle signification, ou qu'il n'a pas lieu du tout. Supposons, pour prendre un exemple extrême mais dont il existe un certain nombre d'observations, que l'enfant qui touche le poêle brûlant soit privé de sensibilité thermique : son organisation ne lui permet évidemment pas de « vivre l'expérience »; il ne se constitue pas chez lui le résidu comportemental normal, et l'enfant continuera par la suite à se faire des brûlures graves, car le contact avec le poêle n'a pas constitué un événement significatif. Le rôle de l'organisation psychique apparaît de manière plus courante et plus banale dans cette simple observation qu'un même événement, se produisant à des âges différents, constitue en fait dans chaque cas une expérience différente, ayant sa signification propre : il en résulte à chaque âge des résidus comportementaux différents.

On peut résumer ce qui précède de la manière suivante : le « faisceau d'énergies » s'organise et se différencie, ou si l'on veut, change, en fonction de ses interactions avec le milieu, en fonction des événements. Mais l'événement même n'est saisi, ne donne lieu à réorganisation qu'en fonction du degré d'organisation atteint par le « faisceau » au moment où il se produit. Le « faisceau » modèle la situation, pourrait-on dire, et la situation le modèle en retour, ou encore, l'organisation psychique sélectionne les événements et se réorganise en retour en fonction de ces événements; ce qu'on pourrait représenter par le schéma sommaire que voici :

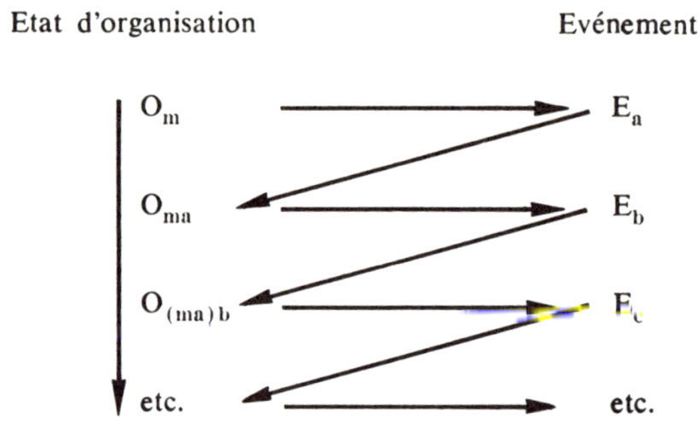

Il est, dès lors, aisé de comprendre pourquoi les psychologues attribuent volontiers tant d'importance aux premières étapes du développement et aux expériences primitives de l'enfant: par le truchement des résidus comportementaux qui en résultent, les événements antérieurs conditionnent l'organisation subséquente du psychisme et donc la manière dont il appréhendera les événements ultérieurs, et dont il y réagira. On ne nie pas ainsi la possibilité de réorganisations ou de reconditionnements ultérieurs, on affirme seulement que ceux-ci seront toujours fonction aussi de ce qui a précédé, et il ne saurait en être autrement. Dans cet enchaînement, les événements en eux-mêmes importent donc moins que la manière dont ils sont appréhendés par l'organisation psychique, manière qui détermine, elle, la nature des résidus comportementaux qui en résulteront le cas échéant.

Cette façon très générale d'approcher le problème du changement ne prétend nullement épuiser la question. Mais elle nous paraît suffisante pour mettre en lumière un certain nombre de considérations essentielles, souvent négligées, qui concernent l'éducation en général aussi bien que l'enseignement. Peut-être est-ce le moment d'en énumérer quelques-unes.

1. Soulignons d'abord un premier point. Si des résidus comportementaux s'élaborent à propos d'événements vécus, de situations vécues par l'individu, si changer, apprendre, c'est réorganiser son comportement en fonction d'expériences significatives pour l'individu, alors l'éducation ne peut qu'être « active ».

Ce terme d'éducation active donne encore et toujours lieu à malentendus : pour bien des gens, il suppose que l'enfant doive bouger, être en mouvement, que la classe doive ressembler à un marché public, que toute discipline ou tout ordre doivent en être proscrits. En réalité, c'est à l'activité psychique que le terme se réfère : il signifie simplement qu'il ne peut y avoir de modification ou de réorganisation comportementale là où l'enfant n'est pas concerné par ce qui se passe, là où il n'est pas impliqué dans ce qui se fait, là donc où il n'y a pas pour lui expérience ou situation vécue, événement auquel il participe. On ne voit pas comment un épisode non vécu par l'individu, non appréhendé par l'organisation psychique, pourrait donner lieu à résidu comportemental ou à réorganisation du « faisceau ».

Changer, se modifier, apprendre, c'est être actif, c'est une activité et non un état. La passivité, la torpeur, l'indifférence se situent aux antipodes de cette activité. Il faut répéter inlassablement qu'éduquer, ce n'est pas remplir un récipient vide ou orner une chambre nue, c'est susciter des réactions, c'est provoquer des remaniements. L'éducation doit toujours être provocante. Comme l'a dit plaisamment un auteur anglo-saxon, l'éducateur doit se comparer, non à un pompiste mais à un « ingénieur social ». Il n'y a chance de réorganisation comportementale pour l'enfant que s'il est impliqué dans une situation qui le concerne. On peut craindre que, dans notre système éducatif traditionnel, ce soit moins souvent le cas qu'on ne se l'imagine !

2. Nous avons déjà souligné que les situations ou les événements susceptibles de donner lieu à apparition de résidus comportementaux ne sont pas ce que peut en penser un observateur neutre et objectif : ils sont, pour l'enfant, ce que l'état momentané de son organisation psychique en fait pour lui. Ce qui compte, c'est la manière dont la situation est vécue, et ceci dépend aussi bien de la nature de l'épisode considéré que du degré de maturité ou de développement du psychisme de l'enfant. Aussi, selon le cas, l'événement n'aura-t-il aucun effet et n'amènera-t-il aucun changement comportemental, parce qu'il est pratiquement nul et non avenu pour l'organisation psychique de l'enfant, ou bien, ayant été appréhendé tout autrement par l'enfant qu'il ne l'est par l'adulte, il amènera des modifications comportementales différentes de celles qu'escomptait l'éducateur.

Personne n'attend d'un bambin de cinq ans qu'il réagisse à tel ou tel épisode de l'unification de l'Europe ou de la décolonisation, par exemple, alors que l'on sait bien que ces événements peuvent avoir de grands retentissements sur le comportement d'un adolescent. A l'inverse, tel petit fait de la vie quotidienne, telle mésaventure survenant à un animal familier ne toucheront guère l'adolescent alors qu'ils sont profondément vécus par l'enfant plus jeune et qu'ils entraîneront chez lui des modifications dans son organisation psychique.

Nous commettons fréquemment l'erreur de penser que l'enfant n'apprend que lorsque nous désirons qu'il apprenne; c'en est une autre, tout aussi répandue, que de penser qu'il apprend nécessairement ce que nous croyons lui enseigner. Si l'on ne prend pas garde à la manière dont les situations sont saisies et vécues par l'enfant, l'éducation prend aisément le tour d'un dialogue de sourds; *les changements comportementaux dépendent de la manière dont l'enfant appréhende les événements et non de ce que ces événements sont pour nous*.

Pareils malentendus foisonnent dans l'histoire des rapports entre l'enfant et l'éducateur.

Une mère anxieuse, fort centrée sur les problèmes alimentaires, croit de son devoir de « gaver » son petit; elle lui remplit exagérément son assiette et le contraint, par supplications ou menaces, à manger davantage. L'enfant fait un effort, puis refuse et résiste aux exigences maternelles. Chaque repas prend bientôt des allures de drame familial. Avant longtemps, l'enfant n'aura plus d'appétit à l'heure des repas et se mettra à table la gorge nouée et l'estomac en révolte. L'intention de la mère était que l'enfant « mange bien »; mais dans la perspective du petit, l'idée du repas se nuance de dégoût, d'opposition, ainsi que de la culpabilité qu'éveille cette opposition à une si bonne mère: manger n'est plus qu'un épisode de tension et de conflit qu'il tentera d'éviter ou qu'il attendra avec angoisse: le résidu comportemental sera à l'opposé de ce qu'on attendait.

Un enfant demande à ses parents des informations d'ordre sexuel. Ses questions, pourtant légitimes, mettent les parents mal à l'aise; ils évoquent aussitôt des principes pédagogiques et lui répondent, avec un naturel très relatif, qu'il est trop jeune pour poser de telles questions; peut-être même lui laissent-ils entendre qu'il est malséant ou coupable d'aborder ces problèmes. Dans leur optique, cette réaction devrait amener l'enfant à abandonner de telles préoccupations. Mais dans la sienne, le malaise des parents, qu'il perçoit parfaitement, lui confirme qu'il y a là un secret particulier, réservé aux adultes, et donc spécialement intéressant. L'absence de réponse adéquate, loin d'apaiser sa curiosité, l'attise au contraire et, au lieu de « ne plus penser à ces choses », il s'en préoccupera davantage, et souvent avec une nuance de culpabilité qui risque d'oblitérer tout ce domaine par la suite.

En classe, un élève enthousiaste répond trop précipitamment et sans respecter les formes; le maître lui fait remarquer un peu sèchement qu'il est prié de se taire. L'écolier, qui était tout fier et tout heureux d'avoir trouvé la bonne réponse, interprète la remarque du maître comme un signe d'hostilité ou d'injustice à son égard; il se renferme et se désintéresse de la tâche, alors qu'on voulait simplement lui rappeler qu'on ne prend pas la parole sans y être invité.

L'exemple le plus évident est sans doute celui de la consigne ou de l'explication mal comprise : elle donne lieu à des réactions qui ne peuvent passer que pour aberrantes aux yeux de l'éducateur. Or l'enfant est suffisamment différent de l'adulte et suffisamment éloigné des préoccupations de celui-ci et de son mode de penser pour que cette incompréhension soit relativement fréquente, abstraction faite de toute mauvaise volonté.

Une explication d'ordre intellectuel ou moral trop complexe ou trop subtile « passe par-dessus la tête » d'un enfant trop jeune pour la comprendre et n'aura évidemment aucun effet. Chacun le sait bien, mais on s'en soucie peu en pratique. Et pourtant, n'est-il pas évident que l'événement, dans ce cas, ce n'est pas l'explication donnée, mais bien le fait de « l'adulte bavardant et tenant des discours incompréhensibles pendant lesquels on est obligé de se tenir tranquille et de faire semblant d'écouter » ... ? Et le seul résidu comportemental de cet épisode, si tant est qu'il y en ait un, sera chez l'enfant la tendance à éviter ultérieurement pareille situation. Il est d'observation courante que l'enfant renonce à demander des explications une fois qu'il a appris qu'elles sont incompréhensibles ou qu'elles se prolongent indéfiniment.

Pour que l'événement puisse donner lieu à résidus comportementaux, il importe avant tout qu'il soit de nature à être appréhendé de manière correcte par l'enfant. Nous aurions pu nous dispenser de nous étendre sur ce truisme s'il n'était si fréquemment négligé en matière d'éducation ou d'enseignement. Nombre de situations ne produisent pas les effets qu'on en attend, simplement parce qu'elles n'ont aucune signification pour l'enfant !

3. Un second truisme concerne également le niveau d'organisation psychologique et physiologique de l'individu : *pour que la modification désirée se produise, il faut évidemment qu'elle soit possible, c'est-à-dire que l'organisme ait atteint un degré de développement permettant cette innovation*. On n'enseigne pas l'écriture ou la division à un enfant de deux ans, pas plus qu'on ne l'entraîne au saut à la perche ou à la course de fond; il est vain d'attendre des opérations mentales supposant l'abstraction ou la réversibilité d'un individu dont la pensée se situe encore au niveau intuitif ou prélogique...

Chaque chose en son temps, dit la sagesse populaire. Mais l'adulte est si pressé de voir changer l'enfant qu'il est fort porté à le bousculer, cherchant à obtenir de lui des modes de comportements incompatibles avec les possibilités de son organisation psychique momentanée. Outre la déception ou l'irritation de l'éducateur devant l'échec de ses tentatives, cette tendance si commune à l'accélération ou à l'anticipation des apprentissages a souvent des conséquences fâcheuses dont on ne mesure pas la gravité et dont certaines sont de nature à enrayer la bonne marche du développement de l'enfant.

Que fait l'enfant astreint à un apprentissage prématuré ? Ou bien, c'est le cas évoqué à l'instant, il ne perçoit pas la situation et il n'apprend rien, du moins ce qu'on espérait. Ou bien, il se soumet au forçage qui lui est imposé, mais ses vaines tentatives, laborieuses, pénibles, parfois désespérées même, lui font apparaître l'effort comme détestable et stérile et l'objet sur lequel elles portent comme particulièrement haïssable. Constatant ses échecs, se sentant inférieur à ce que l'on attend de lui, il connaît bientôt le découragement et le doute de soi, voire le dégoût, et risque fort de développer des sentiments d'infériorité et d'impuissance qui l'amèneront à éviter de telles situations. On peut penser que beaucoup de prétendues inaptitudes sont en réalité les résidus comportementaux d'expériences de ce genre.

Il se peut aussi qu'il apprenne effectivement, mais en déplaçant l'apprentissage sur un autre plan, en le changeant de perspective, en quelque sorte, ou en recourant à des méthodes primitives, en général dispendieuses et inadéquates à leur objet. Le premier cas, bien connu de chacun, est représenté par l'écolier qui récite les tables de multiplication ou les déclinaisons latines sans comprendre ce qu'il dit, comme s'il s'agissait d'une comptine dépourvue de sens. En apparence il « sait »; en réalité, ce qu'il a acquis n'est qu'une habitude motrice de type verbal. Il a assurément enrichi son répertoire comportemental, mais pas sur le plan escompté; il n'a pas fixé de nouvelles notions ou de nouveaux mécanismes mentaux, utilisables à bon escient, il n'a fixé qu'une récitation lui permettant à la rigueur de sauver la face par son psittacisme. Bref, il donne à autrui et se donne à lui-même l'impression de connaître, mais il ne connaît pas. Il n'a appris, si l'on peut dire, que l'aspect extérieur des choses : il a appris sur un plan purement verbo-moteur ce qui devait l'être sur le plan intellectuel. C'est ce qu'il fera chaque fois qu'il aura quelque peine à « comprendre ». On peut à ce propos rappeler la remarque percutante formulée par Jean-Jacques ROUSSEAU : « L'apparente facilité d'apprendre est cause de la perte des enfants. (...) L'enfant retient les mots, les idées se réfléchissent : ceux qui l'écoutent les entendent, lui seul ne les entend point » [5].

Se contenter de réciter ce qu'on devrait en réalité comprendre et assimiler, c'est déjà recourir à une méthode primitive. Fixer dans le concret ce qui est en réalité de nature abstraite en est une autre, qui n'est pas moins fréquente. Si elle permet de comprendre une notion d'une certaine manière, elle peut par contre en empêcher la transposition et la généralisation ultérieures si l'on n'y prend garde, et créer ainsi un sérieux handicap pour l'avenir.

Certains auteurs ont pensé que la nécessité initiale de recourir au concret dans l'enseignement du calcul était la cause de difficultés ultérieures rencontrées dans l'enseignement mathématique. Ainsi VALENTINE émet l'hypothèse que l'enseignement prématuré des rudiments de calcul, obligeant l'enfant à compter sur ses doigts pour

> concrétiser les choses, créait ainsi des habitudes empêchant par la suite le maniement abstrait du nombre. Il signale à ce propos une étude anglaise comparant des enfants entrés prématurément à l'école avec d'autres entrés à l'âge normal, et révélant que, par la suite, les premiers sont inférieurs aux seconds pour le calcul, alors qu'ils les égalent en mémorisation et les dépassent en travail manuel : l'apprentissage précoce aurait favorisé certains types de comportement et en aurait défavorisé d'autres, qui sont précisément les plus abstraits et les plus éloignés de l'action concrète[6].

On peut se demander s'il existe de bonnes raisons pour faire apprendre tôt et laborieusement, en courant certains risques, ce qui peut s'apprendre facilement un peu plus tard, et souvent selon des méthodes plus adéquates. Sans doute bien des recherches expérimentales ont-elles déjà conduit à retarder certains apprentissages, mais il n'est pas douteux qu'un gros travail de méthodologie expérimentale reste à faire pour déterminer scientifiquement le niveau de développement auquel correspondent le mieux les divers apprentissages nécessaires dans notre culture. Il est entre autres probable que plus de gens connaîtraient la musique si l'on ne commençait par les rebuter de très bonne heure par des difficultés de solfège qu'ils surmonteraient en se jouant et avec un certain plaisir intellectuel deux ou trois ans plus tard, et si on leur permettait d'abord une première initiation au niveau d'un instrument aisé, ainsi que cela se pratique dans de nombreux pays.

Mais il ne faut pas pour autant perdre de vue l'autre face du problème et, par romantisme ou sous prétexte de sauvegarder les vertus de l'enfance, laisser stagner l'enfant dans son infantilisme. La question du « timing » ou de la programmation éducationnelle se pose aussi bien à propos de la retardation que de la prématuration des apprentissages essentiels.

Nous avons rappelé ailleurs que « l'étude du développement suggère l'idée de l'existence de *périodes critiques* au cours desquelles certaines expériences seraient indispensables à la poursuite d'une évolution normale » [7]. On peut dire aussi bien que certaines acquisitions doivent apparemment se faire à certains moments déterminés sans quoi les apprentissages ultérieurs ne pourront se réaliser convenablement. En effet, le degré d'élaboration du psychisme, qui détermine aussi bien la possibilité d'appréhension des expériences que la possibilité d'apparition des innovations comportementales qui en résultent, dépend en bonne part, nous l'avons dit, du nombre et de la qualité des expériences antérieures. On conçoit donc aisément que l'absence de certaines expériences particulièrement structurantes puisse se solder à un moment ultérieur par des lacunes, des déficiences ou des particularités gênantes de l'organisation psychique, celles-ci provoquant à leur tour des particularités, des déficiences ou des lacunes concomitantes dans l'appréhension d'épisodes ultérieurs et donc dans l'apparition des résidus comportementaux qui s'y rapportent.

Cela signifie qu'il y a des acquisitions qu'on ne peut pas retarder indéfiniment, leur absence en rendant d'autres impossibles. Il y a même vraisemblablement des acquisitions qui ne sont plus réalisables au-delà d'un certain âge. Cela signifie aussi, et chaque pédagogue le sait bien, que l'ordre de succession des apprentissages n'est pas indifférent.

Les enfants sourds-muets nous donnent un exemple particulièrement frappant des difficultés que cause l'absence de langage verbal pour l'élaboration de la pensée abstraite. On connaît des troubles du comportement fort tenaces que présentent souvent les enfants élevés dans des institutions où ils n'ont pas eu l'occasion de faire un certain nombre de ces expériences banales, mais combien fondamentales, que fait tout enfant connaissant une vie de famille normale. La psychologie clinique a dépeint les conséquences graves, pour le développement de l'individu, résultant de la carence d'affection maternelle à l'égard du nourrisson. Il n'est pas difficile de se représenter le handicap considérable, éventuellement définitif, qui résulterait pour un individu de n'avoir pas appris au moment opportun à se conformer à certaines exigences, à assumer certaines responsabilités, à prendre certaines initiatives ou, tout simplement, de n'avoir pas appris à lire, à écrire ou à calculer comme il faut. De telles carences entraînent immanquablement des conséquences en chaîne d'une portée qui peut être catastrophique pour l'individu. Le psychologue praticien est confronté chaque jour avec des difficultés comportementales ou des insuffisances de rendement scolaire qui n'ont pas d'autre origine que de semblables lacunes.

Apprentissages indûment prématurés ou retardés, apprentissages qui n'ont jamais eu lieu, ou dont l'ordre de succession était inadéquat, tout cela n'est pas indifférent, mais pèse, au contraire, d'un grand poids dans l'organisation du « faisceau d'énergies », dans l'appréhension des événements significatifs et dans l'élaboration des résidus comportementaux. L'incohérence éducative ou administrative, l'ignorance ou la négligence des parents ou des éducateurs, l'histoire scolaire chaotique de tant d'enfants fréquemment absents, astreints à changer de maître ou de méthode plusieurs fois l'an ou à changer d'école à diverses reprises au cours du même cycle d'études, l'agencement de programmes d'enseignement rarement établis sur une base expérimentale rigoureuse: autant de facteurs propres à causer des perturbations notoires ou des lacunes insidieuses dans l'élaboration de la personnalité.

4. Mais les conditions du changement comportemental ou de l'apprentissage que l'on vient de rappeler, si elles sont nécessaires, ne sont pourtant pas suffisantes. En effet, l'organisation psychique peut être à même, en principe, d'appréhender tel événement sans qu'elle le fasse effectivement pour autant, et la modification de comportement désirée peut être possible, en principe, sans qu'elle ait nécessairement lieu. Il faut en outre qu'à point nommé, existe une disposition à saisir l'événement et à y répondre. C'est en ce sens que l'on parle parfois du «*principe de bonne disposition*». En plus du niveau de l'organisation psychique, évoqué à propos des deux points précédents, cette bonne disposition dépend surtout des facteurs d'orientation de l'activité psychique et de motivation.

Le psychisme, quoi qu'on semble penser parfois, n'a rien d'un enregistreur neutre et objectif. Nous ne percevons en effet les situations, et nous n'y réagissons, que selon les lignes de *l'orientation momentanée de notre esprit*. D'innombrables expériences ont mis en évidence ce phénomène. On voit ce que l'on s'attend à voir et ce qui cadre bien avec ce qu'on a vu précédemment; on attaque un problème nouveau selon les lignes qui ont déjà permis la solution d'autres problèmes; toute situation est saisie en fonction d'une visée ou d'une expectation implicites, selon nos idées reçues ou nos préoccupations du moment, et nous sommes toujours portés à y répondre selon des voies déjà élaborées antérieurement ou selon des processus momentanément activés. On a pu montrer, à propos de tâches à accomplir, comment une consigne qui en souligne très explicitement certains aspects déterminés conduit les sujets à ignorer complètement d'autres aspects de la situation, pourtant tout aussi évidents, mais qui n'ont pas été soulignés : les sujets sont en quelque sorte aveugles à tout ce qui n'a pas été explicitement mentionné. C'est un peu de la même manière que l'enfant se comporte à l'égard des situations qui se présentent à lui.

C'est donc se leurrer que de postuler la disponibilité de l'enfant vis-à-vis de toute expérience qui lui est proposée et de le croire disposé à saisir d'emblée chaque situation dans la perspective envisagée par l'éducateur. C'est se leurrer que de croire qu'il se trouve en classe semblable à une cire vierge et qu'il abandonne au vestiaire son passé et ses préoccupations du jour pour se couler dans le moule que lui proposent les intentions pédagogiques du maître. Nous savons si bien que les choses ne se passent pas nécessairement ainsi que nous faisons volontiers appel à la notion de «distraction» pour désigner, comme si c'était un vice, ce qui n'est que l'effet inévitable d'une orientation forcément divergente de la nôtre. Toute situation d'apprentissage éventuel se greffe toujours sur une orientation mentale préalable ou sous-jacente, le plus souvent ignorée de l'éducateur; toute activité nouvelle se situe toujours dans le prolongement d'une activité antérieure qui peut n'avoir rien de commun avec elle. Comment s'étonner alors de ce que la réponse à la situation ne soit pas toujours celle que l'on attendait? Et les choses se compliquent encore du fait que l'orientation préalable dont nous parlons peut aussi bien concerner la situation dans son ensemble (le fait d'être en classe, ou en famille, par exemple) que certain des éléments de cette situation: les activités ou les notions impliquées par celle-ci, le contexte ou le cadre dans lequel elle se présente, la personne de l'éducateur qui en est le protagoniste... Même un mot inconnu a déjà une sorte de signification provisoire, une physionomie particulière, en fonction de l'orientation de l'esprit, bien avant qu'on ne l'ait objectivement saisi et intégré.

Si chacun sélectionne en quelque sorte des éléments particuliers dans chaque situation et interprète celle-ci en fonction de son orientation préalable, alors la réalité psychologique est fort éloignée de ce que postule implicitement notre enseignement collectif, pour lequel une situation donnée est la même pour tous et éveille chez chacun les mêmes réactions! On ne saurait donc être assez attentif à ces orientations individuelles, qui peuvent tout fausser et tout perturber. Il est sans doute fructueux d'en tirer parti quand elles sont valables, et nécessaire de les rectifier quand elles sont inadéquates; ce n'est pas là le moindre mérite des méthodes qui se fondent sur la libre discussion entre élèves et sur l'échange de vues entre éduqué et éducateur: ces méthodes diminuent les chances de fausse interprétation de part et d'autre et clarifient la saisie de la situation. A leur défaut, il ne reste qu'à tenter de neutraliser les orientations individuelles par une préparation très soigneuse; on sait qu'une situation aura une signification d'autant plus claire pour l'individu que celui-ci aura été préparé à y trouver cette signification et qu'il s'y attend. On peut penser que la vieille pratique qui consiste à clamer: «et maintenant, faites bien attention à ceci...» ne constitue pas à vrai dire une préparation!

L'autre facteur essentiel de la bonne disposition est constitué par la *motivation*, dont les effets peuvent parfois se confondre avec ceux que l'on vient d'évoquer. Les plus anciennes expériences concernant l'apprentissage avaient déjà souligné le rôle important d'une volonté d'apprendre chez le sujet; une attitude active de vigilance, de réceptivité, d'assimilation et d'organisation des données se révélait à l'introspection et semblait jouer un rôle capital. Mais pourquoi voulons-nous apprendre? Pourquoi l'enfant apprendrait-il à calculer, à nager ou à ranger ses affaires? Pourquoi, dans d'autres cas, l'enfant semble-t-il fermé à de telles acquisitions?

Voici bientôt un demi-siècle que CLAPAREDE énonçait un des fondements de son «éducation fonctionnelle» en soulignant que l'individu n'acquiert une conduite, ne cherche à s'adapter, à créer un comportement nouveau que s'il a un intérêt, un motif pour le faire. En termes plus actuels, nous dirons que l'apprentissage suppose la motivation, que l'individu n'apprend que s'il est motivé, ou encore que l'acquisition de conduites nouvelles ou la modification du répertoire comportemental apparaît essentiellement comme une réponse de l'organisme à des pressions, internes ou externes, qu'il n'est d'ailleurs pas toujours facile d'identifier.

Que ces motifs s'intitulent «évitement de punition», «recherche de récompense» ou «intérêt», les éducateurs n'ont jamais complètement perdu de vue l'aspect motivationnel de l'apprentissage, pour la bonne raison qu'ils ne l'auraient pas pu sans voir aussitôt leurs efforts privés de tout résultat. Mais peut-être se sont-ils en général moins souciés de la valeur éducationnelle des motivations auxquelles ils recouraient et des motivations qui étaient à la base de leurs échecs éducatifs.

L'évolution de la psychologie a passablement modifié la manière d'envisager ce problème. D'autre part, la question est si capitale — on peut dire, en gros, qu'il n'y a pas de modifications de comportement sans motivation (les phénomènes de maturation mis à part) — qu'elle nous paraît mériter un chapitre particulier. Nous ne nous y étendrons donc pas davantage pour l'instant, si ce n'est pour souligner encore une fois le caractère foncièrement actif de l'apprentissage: si celui-ci est réponse à un besoin, modification du comportement en fonction d'un but à atteindre, il n'a rien de commun avec toute idée de «remplissage» passif effectué comme de l'extérieur sans la participation du sujet. Enfin, il est à peine besoin d'ajouter que la motivation elle-même, axant le comportement vers certaines fins, constitue l'un des éléments importants de cette orientation, dont nous parlions plus haut, qui assure la disponibilité ou l'indisponibilité de l'organisation psychique à l'égard des situations qui se proposent à elle.

5. Les facteurs dont nous avons parlé jusqu'ici constituent en quelque sorte des préalables à la constitution de résidus comportementaux et à l'apprentissage. Supposons que ces conditions soient remplies : *c'est évidemment se leurrer que de croire naïvement que les modifications comportementales vont nécessairement prendre un tour compatible avec le but éducationnel*. Si, en effet, le comportement se réorganise, s'il se différencie, s'enrichit et innove, en réponse aux expériences vécues par l'individu, encore faut-il que ce soit dans la « bonne » direction ! Or, on peut penser que ces modifications et ces acquisitions se feront avant tout selon les lignes de moindre résistance, dans le sens de l'adaptation la plus immédiate, en fonction des besoins actuels, des désirs, des craintes de l'individu, de son orientation du moment. Et des acquisitions momentanément satisfaisantes, commodes, voire productives et utiles dans le cadre de situations déterminées, vécues par l'enfant, peuvent fort bien s'avérer pernicieuses à long terme, propres à engendrer des inadaptations par la suite, et peut-être même de nature à entraver l'accession ultérieure de l'individu à l'état adulte.

Combien de personnes n'ont-elles pas appris à dactylographier à deux doigts, selon la méthode la moins économique ? Quel enfant invité à ranger sa chambre ou son coin n'aura pas été tenté de fourrer ses affaires sous son lit ou de tout entasser sans ordre dans le placard ? On peut être sûr que le jeune écolier ayant un poème à mémoriser procédera vers par vers ou en relisant un nombre ahurissant de fois le texte à connaître. Comment l'apprenti laissé à lui-même découvrirait-il nécessairement les conduites les meilleures, les plus productives, les plus économiques ? Pourquoi éviterait-il celles qui lui paraissent assurer un résultat immédiat mais qui, en réalité, s'avéreront néfastes ou stériles par la suite ? Chacun connaît de ces élèves qui écrivent couramment depuis plusieurs années mais qui forment leurs caractères d'une manière bizarre, peu fonctionnelle, peu économique et souvent peu lisible, selon une technique qu'ils ont en quelque sorte inventée eux-mêmes. On en voit beaucoup d'autres, aujourd'hui, qui ont si singulièrement appris à lire que, mêmes adolescents, ils ne peuvent se fier aux informations qu'ils recueillent par la lecture. Nous croyons qu'il est salutaire d'envisager de telles performances comme des résidus comportementaux et de se demander quelles expériences, quelles situations les ont engendrées.

Car c'est encore une chose que les adultes oublient : les mauvaises réponses, les habitudes inadéquates, les réactions condamnables s'acquièrent aussi bien que les bonnes : ce sont aussi des remaniements de l'organisation psychique en fonction d'expériences vécues. Il est extrêmement fructueux pour l'éducateur de s'habituer à envisager l'insolence, la duplicité, la paresse, la brutalité, la mauvaise orthographe, l'horreur des mathématiques, l'ignorance, l'indifférence à la culture dans la perspective des résidus comportementaux et de se demander, à propos de ces défauts et de tant d'autres, si, les conditions, les expériences ayant été différentes, les résidus ne le seraient pas, eux aussi... Combien de mensonges, par exemple, ne sont dus qu'à une sévérité exagérée; combien d'habitudes négligentes ne sont que le fruit d'un excès de tâches à effectuer; combien de réactions de fuite ou d'anxiété devant le travail ou les responsabilités ne sont dues qu'aux attitudes anxiogènes dont les adultes abusent à l'égard des enfants! Il est peu objectif — et peu utile — de considérer ce qui nous déplaît chez l'enfant comme le produit de sa nature ou de ses mauvais instincts et d'envisager ses qualités comme le produit de notre action éducative, alors que, de part et d'autre, on est simplement en présence de résidus comportementaux, de résultats de croissance.

Bref, les changements ne se font pas nécessairement pour le mieux; ils peuvent prendre une orientation indésirable et, de surcroît, les acquisitions nocives ne manquent pas, elles aussi, de s'affiner et de se perfectionner. On l'a déjà dit, l'homme n'arrive pas automatiquement à l'état adulte; il doit y être conduit. Et si les possibilités de modification et de réorganisation du « faisceau » humain sont pratiquement infinies, alors l'éducation est indispensable. Elle consiste, non pas à laisser proliférer ses possibilités dans n'importe quelle direction, mais bien à leur assurer l'orientation la plus favorable. *C'est dire que le changement, que la modification comportementale, doivent être contrôlés et guidés.* Que l'on ne s'y méprenne pas pourtant: nous ne rompons nullement ici une lance en faveur de la rigidité ou de la sévérité en matière éducative; nous soulignons simplement l'importance de l'organisation des situations qui provoquent les résidus comportementaux et la nécessité d'une vigilance incessante de la part de l'éducateur.

Deux exemples expérimentaux, concernant le domaine particulier des activités motrices, nous paraissent de nature à illustrer, sur un plan limité, ce que nous voulons dire de manière générale:

En 1929, GOODENOUGH et BRIAN ont montré la supériorité d'un apprentissage guidé dans le cas de la constitution d'une habitude motrice chez de jeunes enfants. Ceux-ci, d'un âge moyen de quatre ans et demi environ, étaient répartis en trois groupes. Le premier était encouragé et stimulé à apprendre mais ne recevait aucune instruction. Le second assistait à une démonstration préliminaire et bénéficiait d'instructions générales ainsi que de suggestions critiques après chaque essai. Le troisième enfin recevait des instructions, bénéficiait de l'enseignement rigoureux d'une procédure précise et se voyait interdire toute méthode s'en écartant tant soit peu. Les résultats paraissent fort parlants. A durée d'entraînement égale, les trois groupes réalisèrent de notables progrès, mais ceux du troisième furent bien supérieurs à ceux du second qui, à leur tour, l'emportaient nettement sur ceux du premier groupe [9].

DAVIES, en 1945, obtint des résultats analogues dans une expérience portant sur le tir à l'arc. Un premier groupe de sujets recevait des instructions systématiques avec explications et directives précises avant de pouvoir tirer la première flèche. Les sujets du second groupe pouvaient s'exercer librement à leur gré sans bénéficier d'aucune instruction. Eh bien, non seulement le premier groupe se révéla supérieur au second; mais encore il conserva sa supériorité pendant toute la période d'entraînement, réalisant des progrès de loin supérieurs à ceux de l'autre groupe [10].

Ces exemples paraissent montrer à l'évidence que si, en apprenant à sa guise, l'individu sélectionne sans aucun doute des mouvements utiles, puisqu'il améliore son rendement, ces mouvements ne sont pourtant pas les plus adéquats: leur répétition s'avère impuissante à faire atteindre au rendement le niveau que lui assure un apprentissage dirigé. Mais qu'est-ce en définitive que diriger, conduire, contrôler l'apprentissage? DAVIS, l'une des autorités en la matière, résume son opinion en ces termes: «limiter le champ d'activité, prévenir les erreurs, centrer l'attention du sujet sur les activités qui assurent le succès» [11]. D'innombrables travaux ont été consacrés à la question de l'apprentissage, et nous reviendrons d'ailleurs par la suite à certains d'entre eux. Si leurs conclusions ne sont pas toutes d'application générale, du moins n'est-il pas inutile de rappeler sommairement celles qui nous paraissent concerner directement l'éclosion de toute modification comportementale, dans la perspective générale de ce chapitre.

L'éducateur ne se rend pas toujours suffisamment compte de cette évidence que l'individu ne peut organiser ou réorganiser convenablement son comportement que s'il a *une idée claire du résultat* qu'il doit atteindre. Ce qu'il faut savoir avant tout, c'est à quoi on doit arriver, ce qui caractérise un bon résultat. Ce but étant précisé, que ce soit par démonstration commentée ou par description explicite, il s'agit alors d'indiquer à l'enfant *les moyens* qui permettent de l'atteindre. Quels sont les bons moyens, et pourquoi sont-ils bons et adéquats : il est utile d'en informer le sujet pour lui éviter précisément la constitution d'habitudes néfastes. Tout le problème de la méthode de travail se rattache à cette question : on se plaint volontiers du manque de méthode et d'organisation des jeunes, mais bien rares sont ceux qui s'avisent de leur montrer comment faire; il nous semble voir là un des curieux paradoxes de l'école : elle enseigne tout, sauf à travailler convenablement, dit-on. Elle se plaint auprès des parents : « Votre enfant n'a aucune méthode de travail »... et l'on voudrait lui répondre : « N'est-ce pas troublant, après cinq ou six ans de classe ? »...

Le sujet, informé, se met à l'œuvre; l'éducateur ne peut être assez attentif aux *phases initiales* de l'apprentissage, car un mauvais début entraîne généralement des difficultés ultérieures qui sont de nature à s'accumuler, à former boule de neige, contribuant à engendrer des inaptitudes par la suite. Les débuts doivent être suivis de près et éventuellement commentés de manière positive et encourageante. Il est inévitable que *des erreurs ou des fautes* apparaissent; l'éducateur devrait se souvenir que l'enfant étant en train d'apprendre, et donc, ne sachant pas encore parfaitement, ce sont là phénomènes normaux n'appelant pas de réprobation particulière. L'attitude volontiers sévère ou négative de l'éducateur à ce propos risque toujours d'inhiber l'initiative de l'enfant et d'enseigner à celui-ci que le meilleur moyen de ne pas être blâmé, c'est de ne rien faire du tout ! Quoi qu'il en soit, tout doit être mis en œuvre dès le début pour éviter les erreurs : chaque faute commode qu'on laisse subsister risque de se fixer et de devenir habituelle, qu'il s'agisse d'orthographe ou de conduite; il importe donc de veiller à sa suppression. Mais cette chasse aux erreurs s'est avérée présenter aussi un réel danger: celui de si bien centrer l'attention du sujet sur la faute que celle-ci se fixe du fait même de cette accentuation. A cet égard, le psychologue ne peut que s'étonner du vieil usage scolaire consistant à souligner de rouge les fautes d'orthographe: n'est-ce pas peut-être le moyen de les fixer dans l'esprit de l'enfant ou, tout au moins, de fixer un doute? Il vaudrait assurément beaucoup mieux de faire disparaître complètement la graphie fautive! L'expérience montre d'ailleurs qu'il est plus avantageux qu'une erreur ne se produise pas que d'avoir à la supprimer; il faudrait donc en quelque sorte prévenir les fautes, organiser les choses de manière à ce qu'elles n'apparaissent pas: c'est possible, dans une certaine mesure, à l'éducateur avisé qui connaît d'expérience les erreurs les plus fréquentes, propres à chaque type d'activité. En éducation aussi, il est plus avantageux de prévenir que de guérir!

L'éducateur guidant et organisant l'apprentissage se souviendra de *l'importance des facteurs affectifs*, sur lesquels nous reviendrons d'ailleurs. Apprendre, modifier son comportement, c'est s'engager, c'est courir un risque: il y faut une certaine dose d'audace et de confiance. Confiance en l'éducateur, afin d'oser opter pour une technique meilleure, mais plus difficile peut-être, moins spontanée, moins familière et donnant souvent moins de rendement immédiat. Confiance en soi aussi, qui sera puissamment étayée par la conscience des progrès réalisés et par l'accumulation de succès plutôt que d'échecs. Si l'apprentissage gagne à être conduit et dirigé, il faut se souvenir pourtant, comme l'ont souligné certains auteurs, que *tout excès de direction s'avère nuisible* à partir d'une certaine limite. Vouloir tout régler, tout prévoir, tout contrôler, peut décourager la spontanéité et l'initiative de l'apprenti et lui enlever le sentiment de sa responsabilité personnelle dans la réussite de la tâche entreprise : c'est risquer de faire de lui une sorte de robot asthénique, dont les caractéristiques s'accorderaient mal avec l'image de l'adulte que nous avons inscrite dans notre but éducationnel. L'éducateur ne doit pas se substituer à l'enfant, mais le soutenir. Les parents devraient y être attentifs, eux qui font preuve si souvent d'un interventionnisme quasiment maladif : on ne peut pas apprendre pour un autre, à la place d'un autre. C'est l'enfant qui doit apprendre, et donc « faire ses expériences ». Mais cela ne signifie pas apprendre n'importe quoi et n'importe comment !

Une dernière remarque peut être ajoutée à ce qui précède : si l'apprentissage doit aboutir et résulter en modifications comportementales durables, en attitudes ou en habiletés nouvelles et utilisables, *le changement obtenu doit être sanctionné*. Apprendre à manier une bicyclette implique que l'on ait la possibilité de rouler à vélo. Apprendre à nager implique que l'on ait l'occasion d'aller au bain. Les adultes croient peut-être trop à la valeur des récompenses extérieures, qu'il s'agisse de plaisirs accordés à l'enfant ou de points inscrits à son bulletin scolaire. La vraie sanction de l'apprentissage consiste, pensons-nous, dans le bénéfice que le sujet retire des propriétés nouvelles dont il dispose, qui le valorisent et étendent son champ d'activité et d'assimilation; elle consiste dans la satisfaction des besoins qui ont motivé l'apprentissage. D'où l'importance qu'il y a à ce que l'enfant soit mis en mesure de tirer parti de ce qu'il a appris, d'en bénéficier, d'en constater l'utilité. Rien de plus stérile et de plus vain qu'un apprentissage qui ne sert à rien, qui n'est pas utilisé, qui n'ouvre aucune porte... et dire à l'enfant que «cela lui servira plus tard» est une bien maigre satisfaction pour lui, qui risque de le motiver négativement à l'égard des apprentissages ultérieurs. Ceci nous ramène au problème de la motivation et de la stimulation dans le cadre de l'éducation, auquel nous consacrons le prochain chapitre.

6. Mais, nous l'avons déjà signalé en passant, les expériences qui donnent lieu à des résidus comportementaux, qui amènent des remaniements, *ne se limitent évidemment pas au seul domaine des mesures éducatives délibérées* mais, au contraire, elles le débordent largement.

Il est hors de doute qu'une quantité d'acquisitions essentielles se font au hasard des circonstances, tout simplement au contact des personnes et des choses, indépendamment des démarches conscientes et délibérées des éducateurs. Presque toute l'exploration de soi-même et de l'entourage immédiat, si capitale pour le développement du bébé et du jeune enfant, a lieu pour ainsi dire en dehors du cadre des intentions pédagogiques des adultes. Il en va de même pour une très grande part des apprentissages pratiques, sociaux et culturels de l'enfant grandissant et de l'adolescent; ces apprentissages se font surtout au contact des pairs et par leur entremise, sans que les éducateurs y soient mêlés. Enfin, les adultes eux-mêmes y contribuent sans y penser par les conversations qu'ils ont entre eux devant les enfants et par tous leurs comportements; ils n'éduquent pas seulement quand ils le pensent ou qu'ils estiment dignes d'être imités, tant s'en faut! Bref, la vie elle-même suscite des modifications comportementales, des apprentissages, et nous devons sans doute tout autant, sinon davantage, à des rencontres fortuites et à des activités spontanées qu'aux efforts de nos éducateurs.

Si cette constatation doit inviter l'éducateur à la modestie, car beaucoup de ses succès ne sont pas dus à ses seules interventions, elle doit aussi l'armer contre le découragement qui le guette: il est rarement le seul responsable des défaites qu'il essuie. Mais elle doit surtout susciter son inlassable vigilance: d'une part, tout peut servir à l'éducation, et il lui faut être disponible et imaginatif; d'autre part, il a des concurrents redoutables, dont la plupart ne se soucient guère du but éducationnel!

7. Toutes ces considérations se ramènent en somme à souligner le fait que *l'éducation concerne toute la vie de l'enfant, sous ses multiples aspects, et pas seulement ce que nous considérons de notre point de vue adulte comme des démarches ou des mesures éducatives:* lui enseigner quelque chose, lui donner un avertissement, le gronder ou le punir. On croit trop volontiers que l'on n'éduque que lorsque

l'on «fait de l'éducation», et que le reste du temps on peut laisser les choses au hasard. C'est probablement cette erreur fréquente qui explique la relative pauvreté de nos résultats éducatifs.

Or en réalité, c'est toute l'organisation du foyer et de la vie familiale, tout l'agencement de la vie scolaire et de l'enseignement sous leurs divers aspects, et même les loisirs et les vacances, qui devraient être envisagés dans la perspective du but éducationnel et conçus de manière à susciter les modifications favorables du répertoire comportemental. Peut-être alors verrait-on disparaître quelques-unes des contradictions traditionnelles de notre régime éducatif usuel; celle qui consiste par exemple à fonder toute l'éducation sur le conformisme et la soumission de l'enfant, alors que l'adulte est sans cesse convié à des choix, des options et des décisions autonomes; celle qui consiste à baser tout le travail scolaire sur la rivalité et l'émulation égoïstes alors que, de plus en plus, l'adulte est appelé à collaborer en équipe avec ses pairs; celle enfin qui consiste à favoriser chez l'enfant l'élaboration de mécanismes d'autotromperie et d'insincérité avec soi-même, alors que l'objectivité et la lucidité personnelles figurent au tableau des caractéristiques de l'adulte équilibré.

Etant conscients du fait que ce n'est pas seulement la contrainte délibérée qui éduque — et qu'elle risque même, dans certains cas, de ne pas éduquer du tout, au sens où nous l'entendons — les adultes accorderaient plus d'attention aux mille situations de la vie courante et ils se soucieraient davantage de structurer éducativement le train-train journalier. Ils seraient aussi plus attentifs à leurs attitudes et à leurs propos en présence de l'enfant, même dans les moments de détente ou de lassitude. Ils se rappelleraient qu'ils sont responsables du tour que prend l'extraordinaire faculté de changement et de réorganisation du «faisceau d'énergies» qui leur est confié et ils seraient pleins de respect pour cette étonnante ouverture qui caractérise le petit de l'homme. Mais ce respect, cette considération ne se traduiraient pas par de l'admiration béate, par on ne sait quel «pédocentrisme», faisant stagner l'enfant dans son bouillon d'enfance; ils se traduiraient par une stimulation constante, clairvoyante et généreuse de l'enfant dans la tâche ardue qu'est la sienne: grandir, devenir adulte.

Puisque tout peut éduquer, il faut autant que possible que tout soit éducatif, c'est-à-dire vécu par l'enfant de manière propre à provoquer chez lui des modifications comportementales dans le sens du but éducationnel.

Chapitre troisième
Motivations et stimulations

L'éducateur attend des changements et des innovations dans le comportement de l'enfant. Mais ne se contente-t-il pas souvent de les attendre, d'en souhaiter et d'en guetter l'apparition, sans trop se poser de questions quant aux mobiles qui conduisent l'enfant à changer? Pourquoi l'enfant modifie-t-il son comportement; pourquoi apprend-il? Ou, dans le cas contraire, qu'est-ce qui l'empêche de modifier son comportement, qu'est-ce qui le pousse à ne pas le modifier, à ne pas apprendre?

On n'envisage pas suffisamment le comportement enfantin en termes de motifs psychologiques, de mobiles, de besoins, en termes de finalités qu'il poursuit. On l'envisage trop volontiers par contre en termes d'étiquettes stéréotypées, plus ou moins descriptives et qui dispensent de toute investigation parce qu'elles paraissent à tort explicatives: on parlera de caprice, de bonne ou de mauvaise volonté, de zèle ou de paresse. En fait, ces étiquettes correspondent surtout aux réactions que le comportement de l'enfant suscite chez l'éducateur; ce comportement peut, en effet, être irritant, réjouissant ou flatteur pour l'adulte, mais ce qui importe, c'est d'essayer de le comprendre, de saisir les motifs auxquels il répond. *Au centre du processus éducatif se pose le problème de la motivation.*

L'enfant répond à une vaste gamme de mobiles, et c'est en fonction de ceux-ci qu'il modifie, le cas échéant, son répertoire comportemental. D'aucuns pensent que l'enfant apprendra n'importe quoi pour que ce qu'on lui propose ait un caractère plaisant, agréable et facile. D'autres, et non des moindres, estiment au contraire que, pour être efficace, l'apprentissage doit être pénible, difficile, voire même quelque peu rebutant. En réalité, ce qui importe, c'est que l'enfant soit motivé: ne le voit-on pas s'astreindre à des activités pénibles et coûteuses en énergie, voire même fort rébarbatives, pour arriver à telle fin qui lui paraît enviable et se détourner au contraire de tâches plaisantes ou faciles dont l'aboutissement ne l'intéresse pas? Ce sont les motifs en jeu qui permettent le mieux de comprendre pourquoi l'un s'escrime sans relâche quelle que soit la difficulté à vaincre et pourquoi l'autre ne s'attaque même pas aux opérations les plus aisées.

Il serait vain de se lancer dans l'énumération d'ailleurs interminable, des mobiles que l'on peut voir à l'œuvre chez l'enfant. Certains d'entre eux sont de l'ordre des besoins dits «biogéniques», qui concernent le maintien de l'équilibre de l'organisme. Le besoin de nourriture, de sommeil, de mouvement, le besoin d'éviter la douleur, entrent évidemment dans cette catégorie, parmi tant d'autres. On sait que ces besoins sont parfois exploités pédagogiquement; il n'est que de rappeler la traditionnelle fessée, la suppression de certaines gratifications alimentaires ou la réduction de la liberté de mouvement: il arrive que l'enfant modifie son comportement pour éviter le retour de telles frustrations du besoin. On sait aussi que notre régime éducatif n'est pas toujours très soucieux de ces besoins élémentaires; il n'est nullement exclu que certaines difficultés éducatives, et particulièrement d'ordre scolaire, ne tiennent à l'absence de prise en considération de besoins aussi fondamentaux que ceux de mouvement, de sommeil ou de grand air: les remarquables résultats obtenus dans les expériences d'école à mi-temps ou de classes de neige semblent le démontrer.

A un niveau plus élaboré, on peut faire état de besoins proprement psychologiques, dont la gamme est quasi infinie. Bien des psychologues s'accordent à en trouver l'origine dans la dépendance du petit enfant et dans le fait que la satisfaction de ses besoins élémentaires implique toujours, au début, l'intervention de l'adulte ou la collaboration des membres de son entourage immédiat. De nouveaux besoins s'élaboreraient ainsi, dans le cadre des interactions de l'enfant avec l'adulte gratificateur, source de tout bien, et avec le groupe social; ces besoins hériteraient, pourrait-on dire, de l'importance et de la vigueur des besoins biologiques primitifs, dont ils seraient comme la transposition sur un nouveau plan, propre à la nature sociale des expériences de l'individu.

Au tout premier plan de ces besoins, et parmi les plus puissants, dans la perspective qui nous occupe, il faut certainement mentionner ceux qui concernent l'intégrité et la cohérence psychologique de l'individu, sa sécurité et le sentiment qu'il a de son existence, de sa valeur, de sa capacité propre, par référence à son entourage, ceux qui concernent le sentiment qu'il a de son appartenance au groupe (famille, bande de camarades, classe) et de son intégration à celui-ci. En termes très simples, il nous semble permis de faire état d'un faisceau de besoins psychologiques très généraux qui se diversifient de multiples manières tout en se recouvrant en même temps sur de nombreux points, et il nous paraît que l'on pourrait donner à ce faisceau, chez l'enfant, le nom de «*besoin de grandir*». Ce besoin de grandir nous paraît rendre compte d'un grand nombre de comportements: ceux qui témoignent de la séduction qu'exercent sur l'enfant la personne et les agissements de l'adute; ceux qui témoignent de la recherche par l'enfant de la considération et de l'approbation de son entourage; ceux, enfin, par lesquels il tend manifestement à s'affirmer en tant qu'individu capable d'action indépendante et personnelle. Même s'il est loin d'en avoir toujours conscience, tant s'en faut, il ne paraît pas douteux que le motif central de l'enfant soit de tendre vers l'état adulte, de dépasser son infantilisme, d'exprimer son existence propre et de confirmer ses possibilités par des performances, des réalisations et des projets, dans un mouvement incessant de progression impétueuse qui ne laisse pas d'impressionner pour peu qu'on veuille bien le prendre en considération.

C'est ce motif central, ce « besoin de grandir » que doit rencontrer l'éducation. C'est lui qui la rend possible; c'est lui qui féconde les démarches éducatives. C'est lui qui constitue en fait la principale motivation des processus de changement du comportement, ou d'apprentissage, qu'il incombe à l'éducateur de guider et d'organiser. Il est capital que celui-ci en soit bien conscient, car toute démarche qui s'appuiera sur ce faisceau de besoins et qui en fera usage aura les meilleures chances d'aboutir et tout ce qui, au contraire, lésera, frustrera ou affaiblira ce faisceau risquera fort d'enrayer du même coup le processus éducatif. Les désirs et les craintes de l'enfant, ses curiosités et ses intérêts, sa soif d'apprendre, de connaître, d'acquérir des conduites nouvelles, s'y rattachent directement ou en sont des manifestations plus ou moins transposées.

Il arrive assurément que ce « besoin de grandir » donne lieu à des manifestations intempestives ou discutables aux yeux de l'adulte. Il arrive aussi qu'il paraisse faire défaut; on est alors le plus souvent en présence d'un recroquevillement défensif des énergies du sujets, en réponse à des conditions ambiantes qui lui « bouchent » les voies de son devenir adulte en mettant en péril le sentiment de sa sécurité ou de sa valeur. C'est notamment le cas de ces enfants perpétuellement rabroués et dévalorisés, qui s'étiolent et « cessent de grandir »; on sait qu'il suffit parfois de modifier l'attitude de l'entourage adulte à l'égard de ces enfants pour les voir aussitôt reprendre leur mouvement progressif. Il est aussi des cas très graves, que révèle la clinique, où n'existe pratiquement plus aucun besoin de grandir, plus aucun désir de devenir ... Devant ces cas, l'éducation proprement dite est impuissante et seule la psychothérapie offre peut-être une chance de salut, souvent aléatoire d'ailleurs.

Quand bien même les manifestations du « besoin de grandir » sont assurément liées aux usages du milieu et aux conditions culturelles dans lesquelles vit l'enfant, ce besoin nous paraît si bien faire partie de la personnalité de l'enfant et se rattacher à son dynamisme propre que nous proposerions de parler à son propos de « motivation naturelle » au même titre que pour les besoins relevant directement de l'organisation physique. On pourrait alors appeler « stimulations », ou « motivations artificielles », les démarches par lesquelles on éveille, ranime ou soutient la motivation naturelle momentanément défaillante ou par lesquelles on la remplace lorsqu'elle est absente, risquant en ce cas de passer de l'éducation au dressage. Qu'est-ce que la récompense, au sens courant du terme, ou l'émulation, par exemple, sinon un appel artificiel à des motivations naturelles du genre de la valorisation de soi ? Qu'est-ce que la punition, sinon la frustration d'une telle motivation, comme par exemple dans l'exclusion momentanée du groupe ou dans la désapprobation publique ?

L'expérience nous amène à penser que l'adute accorde peut-être trop de valeur et d'importance aux motivations artificielles, dont l'efficacité lui apparaît peut-être plus clairement, dans l'immédiat, et qu'il n'est pas assez attentif à la présence des motivations naturelles, pourtant fort puissantes, dont il peut tirer parti à condition de ne pas les détruire mais de leur faire confiance, tout en les contrôlant. Ainsi se fait-on beaucoup de mauvais sang pour supprimer ou pour susciter des caractéristiques comportementales qui disparaîtront ou apparaîtront d'elles-mêmes au moment où l'individu en éprouvera lui-même et fonctionnellement le besoin, dans le cadre général de son développement: on peut livrer une guerre incessante à la mauvaise tenue à table d'un gamin de neuf ans, et altérer ainsi très profondément le sentiment qu'il a de sa valeur et de sa place dans la famille, alors qu'il est certain que cinq ou six ans plus tard il se tiendra normalement au repas ... si du moins c'est l'usage dans son milieu. On risque aussi d'imposer à l'enfant ces pseudo-adaptations toutes extérieures ou ces infériorisations par confrontation continuelle à des exigences excessives, dont il a été fait mention au chapitre précédent.

Quand on constate combien la simple information sur la qualité du rendement s'avère déjà propice à stimuler l'apprentissage et à améliorer ce rendement, quand on voit combien systématiquement l'approbation et l'encouragement s'avèrent plus productifs que le blâme ou la punition, on se demande ce que veut l'adulte et pourquoi il est si peu porté à s'appuyer sur les motivations naturelles; il semble croire que sa tâche consiste surtout à «rectifier», à corriger... et il malmène les dynamismes progressifs de l'enfant jusqu'à leur faire prendre un tour négatif et oppositionnel. Pourtant, l'enfant ne demande qu'à grandir, à se développer, à être conforme à ce qu'on attend de lui : il ne demande qu'à bien faire et à obtenir l'approbation. Mais qu'on nous entende bien, cependant : nous ne voulons pas du tout dire que l'enfant sache d'emblée ce qui est bien ou mal, ce qui est bon ou mauvais ! Il a, au contraire, grand besoin d'en être informé, aussi clairement que possible, et c'est pourquoi nous croyons précisément plus fructeux de lui montrer et de lui expliquer ce qu'on attend de lui, de commenter avec lui son comportement, plutôt que d'imaginer des systèmes de sanctions plus ou moins compliqués, plus ou moins constants, plus ou moins honnêtes, qui risquent toujours de porter atteinte aux sources mêmes des énergies qui le poussent à grandir.

Il est évident, en effet, et on l'a déjà souligné, que toute modification du comportement implique l'indication du sens dans lequel elle doit se faire et la définition du but à atteindre. Celles-ci jouent un rôle essentiel dans n'importe quel apprentissage. Comment le sujet parviendrait-il aux performances désirées s'il ignore pratiquement en quoi elles consistent ? Or c'est souvent dans cette situation paradoxale que l'on place l'enfant, en le punissant de surcroît s'il échoue ou se trompe. Pas plus que l'éducateur ne peut éduquer sans s'être fait une idée du but éducationnel, l'enfant ne peut créer des comportements plus mûrs et plus évolués s'il n'en a aucune idée, ou cette seule idée négative qu'ils ne sont pas ceux qu'il adoptait jusque-là.

Aux divers motifs qui poussent l'individu à apprendre ou à modifier son comportement doivent donc nécessairement s'ajouter *des éléments d'infor-*

mation. Telle est la fonction irremplaçable de l'exemple, de la démonstration, de l'explication, de la formulation des consignes, de la prise de conscience du but et des objectifs. On sait parfaitement, par divers travaux expérimentaux, que c'est en effet sur les aspects de la tâche accentués par la consigne que se portent les efforts de l'individu et que se manifestent le plus clairement les progrès, souvent même aux dépens des autres aspects de l'activité proposée. Ainsi par exemple, il est bien établi qu'accentuer, à propos d'une tâche, l'aspect rapidité sans accentuer en même temps l'aspect précision, amène toujours des progrès quantitatifs qu'accompagne cependant une baisse qualitative du rendement.

Mais l'information n'intervient pas seulement au niveau de la consigne et de la formulation initiale du but à atteindre. Elle joue tout au long de l'apprentissage un rôle de stimulation qu'on aurait tort de négliger et qui nous amène à en parler dans le cadre de la motivation. Connaître à chaque moment la qualité de sa prestation facilite et accélère l'acquisition d'une performance; on peut en effet se douter que cette information améliore la prise de conscience de la tâche et de son objectif et qu'elle aide l'individu à corriger ses erreurs et à fixer les conduites correctes.

Nous ne reprendrons pas ici les expériences classiques de THORNDIKE (1927) ou de TROWBRIDGE et CASON (1932) portant sur le traçage de lignes d'une longueur déterminée, les sujets ayant les yeux bandés, qui montraient que le simple énoncé du mot «juste» ou «faux» après chaque essai amenait déjà un progrès considérable, qui était presque doublé lorsque chaque essai était suivi de l'indication chiffrée de la déviation par rapport à l'étalon. Nous ne nous étendrons pas davantage sur celles de JUDD (1925) concernant les progrès rapides dans l'estimation de longueurs lorsque les sujets sont chaque fois informés de la qualité de leur prestation, ou sur celles de BOOK et NORWELL (1922) montrant la régression massive du rendement des sujets lorsqu'on leur supprime cette information.

Peut-être convient-il, par contre, de rappeler sommairement deux expériences qui se rapprochent davantage de situations scolaires courantes. PANLASIGUI (1930) a comparé deux groupes équivalents de 358 élèves du niveau de la 4e année primaire, soumis à des exercices d'arithmétique identiques, à raison de 15 minutes par semaine pendant 21 semaines. Le groupe A n'a jamais été informé de la qualité de son travail. Le groupe B par contre est informé, après chaque session: chaque élève dispose d'un tableau individuel où figure son rendement, ce qui lui permet de constater ses progrès ou ses régressions et le groupe dispose d'un tableau collectif où sont représentés graphiquement le total de ses gains et de ses pertes pour chaque séance. On n'est guère surpris d'apprendre que, tout au long de l'expérience, ce groupe informé de son rendement obtient des résultats considérablement supérieurs à ceux du groupe non informé. Il est intéressant de constater de surcroît que les sujets profitent d'autant plus de l'information qu'ils sont plus intelligents [12].

SYMONDS et CHASE (1929) de leur côté demandent à des élèves de 6e primaire de détecter les fautes figurant dans un texte écrit, ceci également au cours de plusieurs séances. On constate que chaque répétition de l'exercice amène un certain progrès de la performance. Un second groupe est soumis à la même tâche, mais chaque sujet est informé après chaque exercice de la qualité de sa performance, de sa position par rapport aux autres membres du groupe, le groupe étant de surcroît informé de sa position par rapport à d'autres groupes traités de manière similaire. Il est intéressant de constater que dans cette expérience où un facteur d'émulation individuelle et collective s'ajoute au facteur information, les groupes informés atteignent après trois répétitions seulement un résultat à peine inférieur à celui qu'obtient le groupe non informé après dix répétitions[13] !

Quels que soient les divers facteurs qui entrent en jeu, il paraît bien établi que la connaissance du résultat à chaque étape favorise les progrès ultérieurs de l'apprentissage; cet effet bénéfique se manifeste dans des proportions telles que, selon GATES, on n'a plus le droit de se priver des moyens informant le sujet de la qualité de ses prestations. Il ne s'agit donc pas seulement de fournir de temps à autre une évaluation des résultats de l'enseignement ou de n'importe quel entraînement — utile surtout à l'éducateur, pour contrôler son propre rendement — il s'agit de surcroît, et encore bien davantage, d'exploiter l'« influence motivante » que l'information exerce sur l'activité de l'élève, ainsi que sa valeur proprement opérationnelle qui consiste à lui permettre de mieux organiser son activité en fonction du but poursuivi.

Toutefois, cette influence ne s'exerce pleinement qu'à deux conditions, qui ont été mises en évidence expérimentalement. Il convient que l'information soit immédiate, qu'elle suive immédiatement l'acte sur lequel elle renseigne. Il convient d'autre part qu'elle soit aussi spécifique et aussi précise que possible. Devant ces exigences, on ne peut que déplorer que les résultats de tant de travaux scolaires ne soient en général connus de l'élève qu'après un délai de plusieurs jours (... et qui ne se souvient du caractère volontiers irritant d'un tel délai, provoquant parfois le désintérêt de l'élève), et l'on peut craindre que les bulletins hebdomadaires ou mensuels, avec les informations vagues ou en tout cas peu spécifiques qu'ils apportent, soient loin d'exercer l'action motivante qu'on pourrait en attendre. Il ne fait aucun doute que quelque espèce de « tableau de situation » individuel, concernant les différentes activités, et constamment tenu à jour, aurait un effet beaucoup plus considérable. Nos bulletins habituels ressemblent trop à un relevé de compte et pas assez à une courbe de développement en pleine élaboration! Il ne s'agit d'ailleurs pas que de bulletins et de tâches scolaires: c'est à tout propos que l'enfant gagne à être informé de la qualité de son comportement.

Mais cette information n'en soulève pas moins un problème. A propos d'un rendement ou d'une séquence comportementale donnés, l'information peut porter sur ce qui était bien, bon et valable, sur ce qui marquait un progrès, tout comme elle peut porter sur ce qui était mal, mauvais, insatisfaisant, sur ce qui ne marquait pas de progrès. Et dans le cas où il s'agit d'un résultat, dont on informe le sujet, il est clair que ce résultat peut être bon ou mauvais. L'effet de l'information sera-t-il le même? *Est-il également « motivant » de se voir informer de la réussite ou de l'échec de sa démarche?* Au facteur purement cognitif: « il est souhaitable de connaître le résultat de toute démarche effectuée afin de pouvoir le confronter avec le but à atteindre », vient donc s'ajouter un facteur affectif, plus ou moins inhérent à la qualité de ce résultat: on peut penser qu'un bon résultat comporte implicitement un élément laudatif et valorisant et qu'un mauvais résultat comporte de même un élément de blâme ou de dévalorisation pour le sujet.

La pratique traditionnelle de l'éducation semble postuler que la louange a un effet d'encouragement et de stimulation qui s'émousse assez rapidement et dont il ne faut surtout pas abuser, de peur de flatter l'orgueil ou la vanité de l'enfant. Elle admet que le blâme, de son côté, comporte une valeur de défi constituant un sérieux stimulant pour ce que nous avons appelé les motivations naturelles. Les recherches expérimentales, elles — dont il faut souligner aussitôt qu'elles ne porteront jamais sur des séquences à long terme — indiquent clairement, au contraire, que l'information valorisante a un effet stimulant plus considérable que l'information dévalorisante, qu'il est plus productif de souligner les réussites ou les bonnes réponses que les échecs ou les mauvaises réponses.

Divers éléments doivent ici être pris en considération; nous allons essayer de les envisager successivement en rappelant toutefois que dans la réalité ils s'imbriquent intimement.

Un premier point, que l'on peut considérer comme acquis, c'est que *toute accentuation d'une réponse a pour effet de favoriser sa fixation*; dès lors, il vaut évidemment mieux accentuer les bonnes réponses que les mauvaises.

On peut à cet égard rappeler l'expérience d'HOLODNAK (1943)[14] consistant à faire parcourir des labyrinthes manuels impliquant des choix de directions à 64 enfants de 6 à 10 ans. Dans un premier groupe, chaque choix correct est sanctionné par une sonnerie et les choix incorrects ne sont pas soulignés; dans un second groupe, les conditions sont inversées et ce sont les choix erronés qui déclenchent la sonnerie. Le premier groupe donne des résultats systématiquement supérieurs à ceux du second, quels que soient le sexe et l'âge des sujets et quel que soit le labyrinthe utilisé; l'accentuation des bonnes réponses est donc plus productive que celle des mauvaises. On peut faire allusion aussi à certaines expériences sur l'animal où des mauvaises réponses, « punies » par un choc électrique, tendaient à se fixer, alors que les bonnes réponses, non accentuées, ne se fixaient pas, et où, de manière paradoxale, des apprentissages ont été réalisés économiquement en « punissant » ainsi les bonnes réponses !

Dans une autre expérience, due à THOMPSON et HUNNICUT (1944)[12], 124 enfants de 5e année primaire sont soumis à plusieurs reprises à un test de barrage. Un premier groupe de sujets voit son rendement valorisé à chaque essai par l'inscription de la note « bien » sur chaque feuille individuelle, alors que pour un second groupe la note « mal » est portée sur chaque feuille, le troisième groupe ne recevant aucune mention. On n'est pas surpris de constater que les sujets des deux premiers groupes font des progrès beaucoup plus considérables d'un essai à l'autre que ceux du dernier, l'effet de la mention variant pourtant selon la personnalité des enfants.

Si de telles expériences autorisent quelque prolongement d'ordre éducatif, c'est assurément qu'il y a avantage à souligner, d'une manière ou d'une autre, les conduites ou les réponses que l'on désire voir se fixer. La non-accentuation, au contraire, semble favoriser l'élimination des conduites, leur non-apprentissage. Il y aurait donc intérêt à ne pas souligner autant qu'on le fait d'habitude, parce qu'elles nous vexent et nous irritent, les conduites dont on souhaite la disparition : c'est ce que fait d'ailleurs l'éducateur avisé qui sait bien qu'en ignorant certains comportements indésirables, il en favorise la disparition. D'autre part, il y aurait sans doute intérêt à souligner plus qu'on ne le fait les comportements heureux dont on aimerait assurer la répétition.

Mais, nous l'avons dit, l'accentuation ou la valorisation d'un rendement peut être positive ou négative; quelle différence peut-on constater au niveau du résultat ?

On ne peut s'empêcher de citer à ce propos la belle expérience classique de HURLOCK (1925)[16] portant sur 106 fillettes de la 4e à la 6e année primaire, qui devaient résoudre le plus grand nombre d'additions de 6 nombres de 3 chiffres au cours de 15 séances successives d'un quart d'heure. Les enfants étaient répartis en quatre groupes de force égale : le groupe A, travaillant seul de son côté, sans aucun commentaire de maître, les trois autres groupes travaillant par contre simultanément, dans un même local. Sans que le résultat objectif de chacun soit pris en considération, les membres du groupe B sont publiquement loués pour leur bon travail après chaque séance, ceux du groupe C sont publiquement blâmés et ceux du groupe D, bien qu'entendant les commentaires adressés à leurs camarades, ne sont ni blâmés ni louangés. Les résultats sont fort nets et peuvent se résumer ainsi :

Groupe	Résultat moyen du groupe (nombre d'additions)				
	1er jour	2e jour	3e jour	4e jour	5e jour
A	11,8	12,3	11,6	10,5	11,4
B	11,8	16,6	18,8	18,8	20,2
C	11,8	16,6	14,3	13,3	14,2
D	11,8	14,2	13,3	12,9	12,1

Autrement dit, partant d'un rendement évidemment semblable, on assiste à la différenciation progressive des quatre groupes. Le groupe-contrôle, isolé (A), ne recevant aucune information de l'expérimentateur, ne fait aucun progrès et marque même une tendance à la régression. Le groupe louangé (B) réalise des progrès substantiels juqu'à la fin de l'expérience. Le groupe blâmé (C) commence par progresser parallèlement au précédent, puis son rendement diminue et tend à ne plus évoluer. Le groupe ignoré, enfin (D) après un léger progrès, retombe à peu près à son résultat initial. Dans les limites de cette expérience, il apparaît donc:

1. que la louange constitue une stimulation efficace et durable;
2. que le blâme est efficace mais qu'il l'est moins que la louange et que son effet est moins durable;
3. que la louange et le blâme d'autrui constituent encore une stimulation pour les sujets ignorés, mais son effet est faible et de courte durée;
4. que l'absence totale d'information et de stimulation de cet ordre entraîne un abaissement de rendement.

Sans doute faut-il se garder de généraliser trop vite, mais *la supériorité de l'information valorisante apparaît très clairement*. Ajoutons que, dans toute classe, dans tout groupe, il y a sans doute des enfants qui se trouvent pratiquement, et de manière systématique, dans des conditions analogues à celles des sujets des groupes B, C, et D de l'expérience relatée ci-dessus : il est probable que leur rendement s'en ressente ! Peut-être est-ce le lieu de rapporter les constatations de DEGROAT et THOMPSON (1949) concernant la distribution du blâme et de la louange par le maître, dans une même classe, pendant trente périodes d'observations d'une heure chacune; elles révèlent la constance de cette distribution chez un même maître, à cinq semaines d'intervalle. Sur l'ensemble des trente périodes considérées, l'élève le plus approuvé l'a été 160 fois et l'élève le plus blâmé l'a été 120 fois[17] ! On ne s'étonne pas d'apprendre que les élèves les plus approuvés par le maître se distinguent significativement des plus blâmés par un meilleur travail, un meilleur équilibre psychologique et social et, qu'à la fin de l'année, ils ont fait le plus de progrès dans ces trois directions alors que les élèves blâmés en ont fait le moins. Les recherches, poursuivies sur plusieurs classes, révèlent que les maîtres sont en général portés à blâmer beaucoup et à louanger fort peu; elles indiquent aussi, en regard de l'expérience de HURLOCK, que blâme et louange ne sont pas utilisés délibérément au titre de stimulations ou de motivations, compte tenu de leurs effets respectifs, mais qu'ils constituent tout simplement des réactions affectives de la part des maîtres, en réponse au comportement ou au rendement des élèves; de ce fait, on louange systématiquement ceux qui ont le moins besoin d'être motivés de l'extérieur et on blâme systématiquement ceux qui ont le plus besoin de soutien et de stimulation... Les parents en font d'ailleurs autant !

La question de *l'effet stimulant du succès et de l'échec* se situe, semble-t-il, sur la même ligne que celle de l'effet de blâme ou de louange que peut comporter l'information. Là aussi, on est en présence de faits assez bien établis, qui ne confirment pas toujours le bien-fondé de la pratique traditionnelle. Un bon nombre d'expériences révèlent que les effets de la réussite sont plus favorables que ceux de l'échec.

A ce propos, on pourrait faire état de travaux montrant que des sujets ayant bien réussi dans une première tâche améliorent leur rendement dans une activité ultérieure, similaire à la première, alors que les sujets ayant mal réussi d'abord présentent une détérioration subséquente par rapport à leur rendement initial. On pourrait rappeler l'expérience suggestive dans laquelle, après un match sportif entre deux équipes de même niveau intellectuel, le niveau moyen de l'équipe perdante se trouve diminué, alors que celui de l'équipe gagnante s'est amélioré. Enfin, signalons l'expérience de MARQUARDT (1948) où des étudiants sont confrontés avec des problèmes insolubles et où leurs inévitables échecs sont arbitrairement sanctionnés et soulignés dans des proportions allant de 1/4 à 3/4 des problèmes. On constate que plus le taux d'échecs soulignés par l'expérimentateur augmente, plus l'ardeur au travail des sujets régresse et plus se manifestent la lenteur, la stéréotypie des démarches, les réactions d'agressivité et d'abandon [18].

De tels résultats mettent bien en évidence *le rôle des facteurs affectifs* qui, dans le succès ou l'échec, viennent s'ajouter au facteur d'information et le colorer d'une nuance émotionnelle que peuvent encore renforcer l'approbation ou le blâme explicites. L'information se double alors d'une satisfaction ou d'une frustration des motivations naturelles fondamentales, dont nous avons parlé: par la qualité de ses prestations, l'individu se trouve en quelque sorte confirmé ou menacé dans l'idée qu'il se fait de lui-même, dans son statut psychologique, dans son mouvement progressif. Le succès le renforce, pourrait-on dire, et l'échec l'affaiblit.

C'est en effet sous l'angle psychodynamique qu'il faut envisager la question qui nous occupe. On comprend mieux alors que le succès contribue à fixer les conduites qui l'ont provoqué et qu'il renforce l'intérêt pour les activités où l'individu rencontre ce succès. De telles activités ne comportant dès lors pas de menaces, dont l'individu ait à se défendre, celui-ci peut adopter à leur égard les attitudes objectives, réalistes et actives qui vont occasionner de nouvelles réussites et dynamogéniser d'autant le comportement. Il n'est pas faux de dire, de façon générale, que le succès engendre le succès: renforçant la confiance en soi chez l'individu, il favorise les attitudes profitables et progressistes. On comprend de même qu'à partir d'un certain seuil de fréquence ou de gravité, le caractère par trop pénible ou angoissant attaché à l'échec conduise l'individu à se détourner des activités en cause et à adopter à leur égard des attitudes défensives et crispées, s'étendant souvent à tout le contexte dans lequel se déroulent ces activités, empêchant une attaque objective de la tâche et occasionnant, avec de nouveaux échecs, la stéréotypie figée et le découragement. L'émotion croissant, du fait de l'incapacité avérée du sujet à faire face à la situation, toute la conduite peut se trouver désorganisée par les réactions de crainte et d'évitement. L'apprentissage en sera profondément perturbé s'il n'est pas rendu impossible. L'accumulation des échecs, enfin, conduit à des attitudes tout à fait négatives, qui sont à la base de la plupart des dégoûts et même des inaptitudes. Il faut y penser, en songeant au véritable bombardement incessant de remarques dévalorisantes et d'admonestations que subissent certains enfants. De manière générale, l'enfant recherche et répète les expériences qui lui ont réussi et qui satisfont ses motivations profondes, et il évite celles où il a échoué : pas plus que l'adulte normal, il ne se délecte de la dévalorisation !

Est-il besoin de relever que nous arrivons ainsi à une position qui se situe aux antipodes de la pratique pédagogique traditionnelle, volontiers centrée sur l'accentuation de l'erreur et de la faute, portée à donner plus de poids à l'échec qu'à la réussite ? Ne voit-on pas toute une « comptabilité » scolaire s'élaborer sur le principe étrange et contestable que la perfection étant la norme, l'écolier ne peut que perdre des points et n'a guère d'occasion d'en gagner ce qui, soit dit en passant, ne tient aucun compte du fait que l'apprentissage ne part jamais d'une perfection mais bien d'un zéro relatif et que, même médiocre, il se solde en général quand même par un certain gain ? Est-on suffisamment conscient, à tous les niveaux de l'éducation, du fait que, sauf pour quelques individus, ou très soumis, ou très conformistes, ou très brillamment doués, les stimulations les plus fréquentes que l'on prodigue à l'enfant sont de l'ordre du blâme, de la réprobation, de l'échec, c'est-à-dire les plus mauvaises, celles-là même dont les conséquences sont les moins favorables en rapport avec le but éducationnel et qui entraînent sans doute plus souvent qu'on ne le pense, des effets vraiment fâcheux ? Faut-il rappeler que la réprobation continuelle, le blâme massif, les menaces répétées, les prédictions catastrophiques, les attaques dénigrantes de la personnalité de l'enfant, qui restent monnaie courante plus qu'on ne veut l'admettre, ne sont en aucune manière propices à favoriser les progrès de la croissance psychique ? Certains éducateurs, tant parents que professionnels, semblent croire que c'est en détruisant la personnalité et en sapant ses énergies qu'on l'éduque. Ne voient-ils pas qu'en suscitant l'anxiété ils mettent en cause les possibilités d'adaptation progressive de l'enfant, ou qu'en suscitant contre eux son agressivité ils détournent ses énergies des objectifs utiles et progressistes ?

Mais gardons-nous pour autant de tomber dans l'utopie ou le sentimentalisme ! Il n'est évidemment pas question de tromper l'enfant en l'approuvant à tort et à travers ou en faussant les situations de manière à ce qu'il ne connaisse que des succès. Ce qui importe, c'est que l'individu soit continuellement informé de son rendement ou de la qualité de sa prestation par rapport à l'objectif fixé, et que cette information soit aussi spécifique que possible. Blâme ou louange semblent déjà moins indispensables que cette information même, mais la louange paraît plus stimulante que le blâme. Quant à ce blâme, à la réprobation, à la critique, il est difficile d'imaginer qu'on puisse totalement les éviter : l'objectivité même de l'information en pâtirait. Mais la critique éveillera moins de réactions perturbatrices si elle met moins en cause l'individu lui-même que ses rendements, si elle se limite à des points précis et parfaitement définis, si elle s'accompagne de suggestions positives et de commentaires plus rassurants. Même une critique sévère ne devrait jamais décourager, mais devrait toujours faire appel aux motivations progressistes de l'enfant, en soulignant soit un succès partiel, soit une chance de succès ultérieur: le plus petit progrès, habilement mis en évidence, peut avoir un effet dynamogénisant considérable d'où jailliront d'autres progrès... Une critique ne doit jamais fermer les portes à la marche en avant. Le bon éducateur informe sans cesse, dans un climat détendu et exempt de menaces; il loue et blâme relativement peu; il loue plus qu'il ne blâme; aussi ses élèves ne sont-ils pas sur la défensive ni sur un pied de guerre à son égard et toutes leurs énergies sont-elles bandées vers les tâches proposées et vers leur propre progrès.

Une réserve importante doit encore être formulée. La valeur motivante ou stimulante de l'information, du succès et de l'échec, de l'approbation et du blâme n'est évidemment pas la même pour tous les enfants, et elle variera aussi beaucoup suivant la manière dont ils considèrent l'éducateur et selon les sentiments qu'ils éprouvent à son égard. On soutient parfois que les filles, les petits, les élèves médiocres, les sujets peu doués réagissent particulièrement mal à l'échec ou au blâme et auraient donc surtout besoin d'encouragement. A l'inverse, les garçons, les grands, les bons élèves et les sujets bien doués résistent bien à l'échec et la réprobation aurait pour eux un effet surtout stimulant. Nous croyons qu'il ne faut pas trop généraliser et qu'il convient de noter que ce que l'enfant valorise — et ce qui le valorise

— varie d'un individu à l'autre. Déjà ce qui constitue un succès pour l'un n'en constitue pas un pour l'autre, et il en va de même pour l'échec. Chacun a son niveau d'aspiration particulier et un niveau d'expectation qui lui est propre, et ceux-ci dépendent des expériences antérieures et des pressions éducatives auxquelles l'individu a été soumis, ainsi que l'a montré F. ROBAYE [19]. Les uns se satisfont à bon compte, et c'est parfois leur manière de sauvegarder leur statut psychologique et le sentiment de leur valeur, mais d'autres, pour des raisons analogues, ne sont jamais satisfaits et placent leurs aspirations toujours trop haut. Pour certains, que l'on pourrait appeler «psychologiquement faibles» et peu sûrs d'eux, l'essentiel est de se valoriser et de protéger leur auto-estimation: la nature de la tâche est pour eux secondaire; ce qui est capital, c'est l'impression qu'ils produisent par leur performance, tant sur autrui que sur eux-mêmes. Pour ceux-ci, tout échec, tout blâme est ressenti comme une grave menace; tous les apports rassurants du dehors apaisent au contraire, et pour peu de temps, leur perpétuelle inquiétude et leur doute quant à leur valeur. D'autres, que l'on pourrait qualifier de «forts» ou de «robustes», psychologiquement, ne connaissent guère cette inquiétude et, ne doutant pas constamment d'eux-mêmes, ils évoluent avec bien plus de sérénité. «Etre bien» ou «pas bien» n'a pas tant d'importance pour eux. Aussi sont-ils capables de «se donner» à leur activité avec beaucoup plus de détachement et d'objectivité. Ce qui les intéresse, c'est ce qu'ils font, c'est l'activité en elle-même, et non pas tant l'impression qu'ils produisent. Le succès et l'échec auront donc pour eux moins d'importance.

Pour les premiers, la grande motivation c'est la recherche de valeur, la rassurance; pour les seconds c'est l'intérêt et le plaisir à l'action même, le désir d'aboutir, de savoir, de réaliser les fins fixées. Psychologiquement, cette seconde attitude est plus mûre, plus adulte. La première est plus infantile; notons qu'elle est largement favorisée par les pratiques traditionnelles de l'école et de l'éducation familiale, selon lesquelles être bien vu de l'adulte et conforme à ses exigences constitue la vertu cardinale. Bref chaque individu réagit différemment aux informations et aux valorisations qu'elles comportent, et on ne peut que s'étonner de voir combien le système motivationnel utilisé en éducation est étrangement peu différencié et combien il se soucie peu de ces caractéristiques, produisant chez les uns des découragements nuisibles, voir des drames, et agissant sur les autres avec toute l'efficacité de l'eau sur les plumes d'un canard !

Mais l'arsenal éducatif compte encore d'autres stimulations, auxquelles l'adulte, si peu attentif aux effets de l'information, accorde un peu paradoxalement une confiance quasi illimitée. Nous faisons allusion *à la récompense et à la punition*. Pour certains, le bon éducateur apparaîtrait, caricaturalement, comme celui qui, par un jeu bien réglé de punitions et de récompenses, régirait les modifications comportementales de l'enfant. Il n'est d'ailleurs pas douteux que ces stimulants puissent être efficaces car l'enfant, comme l'adulte, tend à chercher le plaisir et l'agrément et à éviter la peine et les ennuis. Mais il y a quelques réserves à formuler à ce propos ! Sait-on toujours, pour chaque individu ou pour chaque âge, ce qui est peine ou agrément? Ne rencontre-t-on pas des enfants pour qui se faire punir ou susciter une « scène » est plus satisfaisant que de passer inaperçu? Est-il certain que ce qui nous paraît récompense l'est toujours en effet pour l'enfant? Et puis enfin, il ne faudrait pas perdre de vue qu'une foule d'acquisitions, et peut-être des plus décisives, se font sans qu'intervienne aucune menace de punition ni aucune promesse de récompense extérieure. Il ne faudrait pas oublier davantage que bien des comportements, apparemment très satisfaisants, persistent malgré les punitions qu'ils attirent à leur auteur et que bien des promesses alléchantes restent sans effet aucun. Et ne voit-on pas aussi des comportements habituellement punis réapparaître lorsque l'éducateur n'est pas là pour appliquer la sanction, et des comportements habituellement récompensés disparaître aussitôt qu'ils ne le sont plus? Chacun sait que nous fixons parfois des comportements en eux-mêmes pénibles et désagréables et que nous éliminons aussi des comportements en eux-mêmes agréables et plaisants. Les choses ne sont donc pas aussi simples qu'il y paraît à première vue. Elles sont même encore beaucoup plus compliquées.

La *récompense* consiste à accorder à l'individu un avantage ou une gratification d'ordre matériel ou moral, dans l'intention de renforcer et de fixer une conduite considérée comme souhaitable par l'éducateur. On compte que la conjonction de la récompense avec la conduite en question augmente la probabilité de réapparition de celle-ci, en augmentant sa désirabilité aux yeux du sujet. Et c'est bien en effet ce que l'on constate, du moins en gros. Nous ne nous étendrons pas sur les nombreuses expériences qui montrent que chez l'adulte et chez l'enfant il existe un certain rapport entre récompense et accroissement du rendement en qualité et en quantité.

> On peut rappeler les expériences de THORNDIKE et FORLANO (1933), de FORLANO (1936), d'ABEL (1936) montrant que le rendement d'enfants à des tâches diverses s'améliore en fonction de la récompense, et même que la promesse de récompense peut s'avérer aussi efficace que la récompense elle-même. Dans certaines de ces recherches il est apparu que les récompenses tangibles (petites sommes d'argent) étaient plus efficaces que les récompenses verbales (compliments) et que ces dernières perdaient leur efficacité à la répétition. On a pu constater aussi que plus s'allongeait l'intervalle entre la réponse sanctionnée et la récompense, plus l'effet de la récompense s'atténuait: les récompenses à long terme n'auraient guère d'influence sur le rendement. Voilà déjà quelques constatations qui ne sont pas sans intérêt pédagogique [20].

Mais il subsiste quelques ambiguïtés quant aux effets de la récompense. D'abord l'unanimité n'est pas absolue parmi les chercheurs; certains pensent que l'effet de la récompense proprement dite est fort minime et que les améliorations constatées proviennent surtout de l'élément d'information que contient la récompense; d'autres ont montré un singulier effet d'irradiation, à savoir que si, en effet, les réponses récompensées tendaient à se fixer, celles qui les précèdent ou les suivent immédiatement en faisaient autant, même alors qu'elles ne présentent aucun rapport de contenu avec les premières ou, mieux encore, que certaines d'entre elles constituaient des erreurs et étaient punies! On risquerait donc, par la récompense, de fixer aussi des réactions que l'on cherche à éliminer pour peu qu'elles aient un rapport de proximité suffisant dans le temps ou dans l'espace avec la réaction récompensée. Il serait donc pratiquement très important de bien «isoler» de son contexte général la réaction que l'on récompense afin de s'éviter des déboires! Mais peut-être faut-il souligner surtout le danger pédagogique inhérent à la récompense: c'est la poursuite de la gratification pour elle-même, détournant l'enfant des conséquences objectives ou des fins objectives de son comportement. On court alors le risque bien connu de marchandage: «si je fais ceci ou cela, que me donneras-tu en récompense?» auquel répond d'ailleurs le danger de chantage et d'exploitation de l'enfant par l'adulte: «Fais ceci ou cela, et je te donnerai telle récompense.» Nous pensons que la récompense, en éducation, plutôt que d'avoir ce caractère d'une rémunération qui risque de devenir obligatoire, devrait garder celui d'une surprise occasionnelle contribuant simplement à souligner pour l'enfant la satisfaction de l'éducateur et ayant une fonction d'encouragement. Au demeurant, la vraie récompense, c'est la réussite de l'activité entreprise et l'enrichissement du répertoire comportemental qui en résulte.

Quant à la *punition*, elle consiste à infliger une peine, physique ou morale, dans le but d'empêcher la réapparition d'un comportement considéré comme indésirable par l'éducateur soit que, associée à l'acte en question, elle confère à celui-ci un caractère désagréable ou menaçant, portant à l'évitement, soit que, à un niveau plus élaboré et sans doute plus valable aussi, elle suscite chez l'individu un retour sur soi-même, une prise de conscience qui le conduise à s'amender.

Bien des expériences montrent, en effet, que la punition des erreurs commises produit une amélioration du rendement, et c'est bien ce que confirme la pratique éducative, du moins dans une certaine mesure. Il ne faut pas oublier d'ailleurs que la punition comporte aussi indiscutablement un élément d'information. Mais il existe aussi des expériences, portant sur l'homme comme sur l'animal, qui révèlent le contraire: dans certaines recherches, il est apparu qu'un choc électrique administré après chaque erreur commise au cours d'une tâche avait pour effet... de fixer les réponses ainsi punies et d'en favoriser la réapparition ! La punition peut donc nuire à la disparition des fautes, et l'on a même pu réaliser des apprentissages en se contentant de punir les bonnes réactions: c'était évidemment une bonne façon de les accentuer et donc de les fixer. D'autre part, l'effet d'irradiation que nous avons évoqué à propos de la récompense est aussi apparu parfois dans le cas de la punition. Voilà donc semble-t-il une arme à deux tranchants !

Mais le caractère essentiel de la punition réside sans conteste dans le facteur émotionnel qui, plus encore que pour le blâme ou pour l'échec, vient colorer intensément la situation. Et cet élément émotionnel, nous l'avons vu, contient un danger: celui de perturber l'apprentissage et de provoquer des réactions finalement encore plus intempestives que l'acte puni. On perd toujours de vue que nos actes répondent à des mobiles. Avant de déclencher la punition, l'acte incriminé assurait nécessairement la satisfaction de quelque besoin. Or la punition, si elle provoque l'évitement de l'acte, n'assure pas la suppression de ce besoin. L'acte ne se produisant plus, la crainte de la punition s'atténue progressivement puisqu'il n'y a plus de nouvelles punitions; mais le besoin, inassouvi, reprend alors le dessus et le comportement proscrit réapparaîtra, déclenchant à nouveau la punition. On risque de s'installer ainsi dans un véritable cercle vicieux, que l'on peut effectivement observer chez certains enfants que la punition semble assagir temporairement mais dont les comportements prohibés réapparaissent néanmoins après un certain temps. Chez l'animal, on a pu montrer que les comportements fortement motivés ne pouvaient qu'être inhibés temporairement, mais non supprimés; si la répression se veut permanente, la punition doit être réadministrée régulièrement. Chez l'enfant, une telle situation, génératrice d'angoisse et d'agressivité devient vite intolérable et perturbe tout le comportement, au point de rendre tout apprentissage nouveau ou tout progrès proprement impensables; l'individu, culpabilisé à l'extrême, profondément dévalorisé, n'est même plus capable d'envisager l'éventualité d'une approbation, d'un succès... On arrive bientôt au contraire de ce que l'on voulait obtenir.

Le psychologue clinicien sait bien, pourtant, qu'au départ la situation n'est pas sans issue. Il sait, au risque de peiner certains pédagogues sévères, qu'il est souvent plus utile de détourner, de distraire préventivement l'enfant d'un acte prohibé plutôt que d'avoir à l'en châtier par après. Il sait aussi que, cet acte répondant à un besoin, on peut avantageusement, quand c'est possible, laisser le besoin se satisfaire, ce qui en provoquera mieux l'extinction que la frustration, qui au contraire l'exacerbe. Enfin, et plus communément, il sait qu'un besoin peut en général se satisfaire de plusieurs manières : il est souvent possible d'empêcher la satisfaction délictueuse ou inadmissible d'un besoin en en favorisant la satisfaction substitutive, transposée ou symbolique qui, elle, n'appelle pas de sanction. C'est ainsi qu'en psychothérapie, ou dans le jeu, peuvent se liquider toutes sortes de tensions et être amenés à extinction ou à remaniements toutes sortes de motifs dont l'expression brutale et directe aurait eu des conséquences fâcheuses. Enfin, plutôt que de punir, il est même possible, dans bien des cas, de proposer d'autres actes ou d'autres objectifs, plus gratifiants, ou satisfaisant des motifs plus puissants que celui auquel correspondait l'acte répréhensible: trop souvent on laisse, non sans un certain sadisme, l'enfant s'enferrer dans des attitudes qui doivent déclencher la punition, alors qu'il serait plus simple, plus généreux, et sans doute plus éducatif de faire aussitôt appel aux motivations progressistes qui existent chez lui.

Sauf cas exceptionnels, nous pensons que la punition n'arrange pas grand-chose; trop souvent elle déclenche de fâcheuses interférences et elle cultive l'angoisse; trop souvent elle facilite les abus de pouvoir chez l'adulte, ou elle ne lui sert qu'à pourchasser ses propres défauts, qu'il perçoit chez l'enfant; trop souvent, enfin, elle est un oreiller de paresse pour l'éducateur énervé et, à l'instar de l'échec et du blâme, elle mutile chez l'enfant le désir de grandir et de progresser. Elle ne peut être bénéfique que dans les cas où, justifiée, motivée et clairement expliquée, elle rapproche l'enfant de l'état adulte en lui permettant de réparer sa faute, de liquider sa culpabilité, de réfléchir aux conséquences de ses actes, de prendre des résolutions positives. Tel ne sera sans doute pas le cas si elle plonge l'enfant dans l'angoisse, le découragement et l'abandon, si elle suscite sa haine et son agressivité à l'égard de l'adulte, si elle lui rend impossible toute identification à l'adulte, défiguré par la colère, tout désir de lui ressembler et de devenir grand. Sans doute faut-il savoir punir; il faut surtout savoir comment sauvegarder entre l'enfant et nous cette « complicité » bénéfique dans la recherche de tout ce qui est bien, bon, digne d'effort et source de joie et de progrès personnel.

On s'en voudrait de terminer ce chapitre déjà long sans faire allusion aux *stimulations dites sociables*, qui jouent un rôle si important en éducation. En effet, la présence d'autrui d'une part, les interactions des individus entre eux d'autre part, ne laissent pas de retentir sur les performances des enfants. Ce sont là des leviers traditionnellement exploités par le pédagogue, et qui ont donné lieu à des études expérimentales.

Envisageons d'abord les effets de *la présence d'autrui*, de la situation collective. Les auteurs sont unanimes à souligner le phénomène dit de « facilitation sociale », connu depuis longtemps: de façon générale, les prestations d'individus en groupe sont meilleures que celles d'individus isolés. La présence du groupe augmente le rendement de l'individu. Ceci s'avère vrai tout particulièrement pour les activités courantes et routinières et pour les aspects quantitatifs du rendement. Ce l'est peut-être moins, comme l'ont révélé certaines expériences, quand on envisage la qualité du rendement et quand il s'agit d'activités d'ordre intellectuel et abstrait, de niveau supérieur, exigeant un effort considérable de réflexion. La présence du groupe ne gêne guère les sujets brillants; elle semble avoir un effet favorable sur les médiocres et les lents; elle semble nuire aux individus nerveux, sensibles ou émotifs. Mais, il est évident que la nature de la relation existant entre l'individu et le groupe n'est pas indifférente: le groupe dans lequel on est mal intégré perturbe l'activité, le groupe dans lequel on est bien intégré la soutient et la stimule.

Le fait d'avoir à exécuter une performance quelconque devant une audience constitue un facteur sensibilisant bien connu de chacun. Ce «facteur d'audience», étonnamment peu étudié, compte tenu de son importance pratique, dépend de la nature du groupe: chacun sait qu'il n'est pas indifférent de s'exhiber devant un jury d'examens, devant un public, ou devant un groupe de camarades. A en croire SEAGOE [21], passant en revue les rares recherches consacrées à ce sujet, il semblerait que l'effet d'audience augmente la vitesse de performance, sans améliorer pour autant la qualité du rendement; souvent même, celle-ci se détériore de façon prononcée. Le sujet, fort impliqué dans la situation, risque de

« perdre le fil »; l'évocation du souvenir est rendue malaisée. On n'est pas surpris d'apprendre que plus le sujet est conscient de lui-même et plus il est sensible au jugement d'autrui, plus son rendement risque de se trouver perturbé. A cet égard, on peut se demander si la traditionnelle « récitation de la leçon » devant la classe ou si le traditionnel examen oral devant un jury sont bien de nature à rendre le mieux compte des connaissances du sujet.

On dispose de données plus nombreuses en ce qui concerne le rôle des *interactions avec autrui*, qu'il s'agisse de la *compétition*, si usuelle dans le cadre scolaire, ou de *la coopération* qui semble avoir tant de peine à s'y installer.

Peut-être peut-on rappeler ici l'expérience de MALLER (1929) [22]. Cet investigateur propose à 814 enfants de la 5e à la 8e année d'études une tâche consistant en séries d'additions simples dont il faut faire le plus grand nombre. Les sujets sont répartis en 3 groupes. Au premier groupe, on présente l'expérience comme un simple exercice, n'influant pas sur les résultats scolaires; les sujets sont invités à ne pas écrire leur nom sur leur feuille. Au second groupe, on présente l'expérience comme une épreuve de rapidité de calcul; chacun inscrit son nom sur sa feuille; une liste donnera connaissance du rang atteint par chaque participant, et des prix seront distribués aux concurrents les mieux classés. Au troisième groupe, enfin, l'expérience est présentée comme une compétition entre deux équipes parallèles: les sujets travaillent donc pour leur équipe; aussi n'inscrivent-ils pas leur nom sur leur feuille, mais bien celui de leur équipe.

On ne sera pas surpris d'apprendre que, pour les six périodes de travail que comporte l'expérience, les résultats moyens sont les meilleurs pour le second groupe. De surcroît, pour celui-ci, les progrès s'affirment d'une séance à l'autre, alors que pour le troisième groupe, un déclin accentué se fait jour dès la quatrième séance.

La rivalité individuelle s'avère donc nettement plus « motivante » que la compétition entre équipes. Elle a pour effet d'améliorer le rendement, surtout sous l'angle quantitatif et quand il s'agit de tâches élémentaires. De plus, si le choix leur en est laissé, les sujets la préfèrent dans une proportion des trois quarts environ. A l'analyse, il s'avère que, dans de telles situations, l'individu cherche à surpasser tel rival déterminé plutôt que d'entrer vraiment en compétition avec tout le groupe. Il arrive aussi qu'il rivalise simplement avec lui-même, se livrant en quelque sorte à une auto-émulation qui pourrait bien contribuer à rendre compte de l'effet bénéfique de l'information auquel nous avons fait allusion plus haut. De telles réactions sont bien dans la ligne des motivations naturelles dont nous avons fait état. Mais pour qu'il en soit ainsi, il faut évidemment que le sujet estime avoir quelques chances de succès, et il faut aussi qu'il ait été entraîné à adopter une attitude compétitive. Enfin, les sujets moyens ou lents semblent être plus sensibles à la rivalité individuelle que les sujets brillants, ce qui n'est guère difficile à comprendre.

Quant à la compétition entre groupes, son effet stimulant semble en général moins évident. Il décroîtrait même en fonction de l'âge et du degré d'intelligence. Les filles y seraient plus sensibles que les garçons. Quoi qu'il en soit, l'homogénéité du groupe et l'esprit d'équipe qui y règne joueraient un rôle considérable dans l'apparition de cette forme d'émulation : ce n'est guère que dans une équipe aux relations internes solides qu'apparaîtrait le goût de se mesurer à une autre équipe.

Il est évident qu'au désir de gagner ou d'exceller peut s'ajouter l'effet stimulant d'une récompense supplémentaire. LEUBA (1930) [23] a montré avec des groupes d'enfants qu'il en était bien ainsi et que l'on constatait donc une certaine additivité de l'effet des stimulations employées, autrement dit, un effet de «surmotivation». Il ressort toutefois de ses investigations que c'est bien la rivalité, la compétition sociale qui l'emporte: être celui qui reçoit le prix, être le gagnant du groupe, avec la valorisation individuelle qui en résulte, semble importer davantage que la gratification supplémentaire qui s'y rattache.

La rivalité augmente le rendement, de façon générale, mais, ainsi que le rappelle fort pertinemment DEESE [24], elle a souvent d'autres résultats encore, et notamment de développer un esprit d'émulation excessif, des antagonismes entre individus, des sentiments d'infériorité chez les uns, de l'orgueil chez les autres. On peut se demander, en un temps où la coopération et le travail en équipes sont des plus en plus recherchés et nécessaires au niveau adulte, s'il est bien indiqué de continuer à favoriser et à encourager autant qu'on le fait la rivalité individuelle au niveau de l'enfant. Gagner «pour soi» est encore toujours plus valorisé que d'aider un camarade; il n'est pas rare que le désir de gagner et d'accumuler des points l'emporte dans l'esprit de l'enfant sur le désir d'apprendre: il est d'ailleurs puissamment stimulé en ce sens par l'ambition aveugle des parents. La vieille tradition scolaire devrait peut-être être révisée à cet égard, afin que l'école contribue davantage à la promotion d'un esprit social et coopératif.

Tel est apparemment le cas dans certains types d'écoles qui font largement appel au phénomène de facilitation sociale, dont nous avons parlé plus haut, en l'exploitant dans le cadre du travail en groupes et de la collaboration entre élèves. Il s'en faut de beaucoup, semble-t-il, que ces méthodes progressistes et fructueuses se généralisent. Il est bien établi que c'est aux alentours de 7-8 ans qu'apparaissent les possibilités de coopération efficace, à un âge où la régression de l'égocentrisme permet à l'enfant de prendre en considération le point de vue de ses partenaires et où ceux-ci cessent d'être perçus par chacun comme autant de menaces d'interférence désagréable dans son activité propre. On voit alors les activités collectives s'organiser spontanément, non sans heurts et sans tensions d'ailleurs. Aussi l'activité en groupe n'est-elle guère rentable avant 9-10 ans environ, à l'âge où la tradition va paradoxalement renforcer et exalter le jeu des rivalités individuelles.

L'action «motivante» de la coopération est sans doute moins prononcée que celle de l'émulation individuelle; elle a par contre le mérite de contribuer de manière efficace à la socialisation de l'enfant et à l'établissement de relations inter-humaines particulièrement désirables à notre époque. Les rares auteurs qui ont étudié les effets de la coopération sur le rendement sont loin de les trouver négligeables. Il est apparu qu'à aptitudes égales, les individus qui travaillent en groupe apprennent plus que ceux qui travaillent seuls et que le rendement du groupe se rapproche davantage de celui du meilleur participant que de la moyenne. Dans le groupe, en effet, les plus intelligents, les plus développés «donnent le ton» et entraînent les autres, qui bénéficient considérablement de leur présence; mais le groupe ne profite pas autant à ces sujets brillants, tout au moins au point de vue du rendement; mais on peut penser toutefois qu'ils y apprennent autre chose. Contrairement à l'effet d'audience ou à celui de la compétition, on a constaté que la coopération en groupe a surtout des effets bénéfiques dans le cas de tâches complexes et difficiles: le rendement qualitatif est amélioré, souvent, il est vrai, au détriment de la rapidité.

Il est évident toutefois que pour être efficace et avoir une action stimulante, il importe que le groupe soit réellement intégré, qu'il y règne une coopération effective, et qu'il ne soit pas trop nombreux sans quoi les problèmes d'organisation du travail interféreront avec le travail proprement dit. Il semble qu'avec des enfants, la limite utile se situe autour de cinq à huit participants: la classe se subdivisant en trois ou quatre groupes d'activité dont les apports sont périodiquement confrontés ou mis en commun en «séances plénières», que rien n'empêche de se dérouler sous forme de discussion ou d'élaboration de synthèse d'allure démocratique. Le maître s'y fatiguera davantage, sans doute, qu'en «faisant la leçon», mais il aura la satisfaction de s'être davantage rapproché du but éducatif général que s'il avait excité les rivalités individuelles. Quant aux élèves, en s'entraidant, en se stimulant et en se contrôlant les uns les autres, ils auront appris la valeur de l'effort commun et de la coopération.

Ce n'est sans doute pas par hasard que le présent chapitre, consacré à la motivation et aux stimulations, a pris une telle étendue. La question évoquée ici, et sommairement effleurée, constitue la question cruciale de tout le processus éducatif. Peut-être, en regard des grandes disputes méthodologiques, est-elle en général la moins étudiée : après tout l'enfant n'a qu'à grandir, il n'a qu'à apprendre... mais les chahuts, les mauvaises volontés, les indisciplines, les conflits éducatifs, familiaux ou scolaires, voire même les inaptitudes ou les échecs nous rappellent à la réalité. La motivation est le nœud de toute l'éducation, le levier de tout développement psychologique, le problème central pour l'éducateur. A celui-ci, deux grandes questions se posent constamment.

En premier lieu, devant un individu à éduquer, il importe de savoir à quel genre de motivations il est sensible, afin de ne pas recourir à des stimulations totalement inopérantes. A l'un, le désir de se montrer grand fera faire des prodiges; pour un autre, il faudra peut-être faire appel à des motivations alimentaires (« si tu es sage, tu auras des bonbons »); un autre encore réagira surtout à la menace de punitions. Il n'y a sans doute que peu de stimulations également efficaces pour tous : ce qui revient à poser le primat de la connaissance psychologique des enfants. Autant de motifs et de combinaisons de motifs qu'il y a d'individus.

Deuxièmement, il importe de se demander si tous les motifs opérant chez tel individu sont également bons à employer. En d'autres termes, tous les motifs efficaces dans tel cas servent-ils le but de l'éducation et sont-ils compatibles avec ce but ? On voit aussitôt que des stimulations assurément efficaces, telles que la gourmandise, la peur ou la rivalité deviennent alors très contestables: peut-on «faire» un adulte sur la base de la gourmandise, de la peur ou de la rivalité? La fin justifie-t-elle les moyens, alors que ces moyens eux-mêmes risquent d'altérer la fin? Comment le dressage et les mesures de coercition conduiront-ils à l'état adulte, avec les caractéristiques que nous lui avons reconnues? L'autoritarisme prépare-t-il à l'autonomie, à la responsabilité? L'exploitation de l'émulation et de la rivalité individuelle prépare-t-elle à la coopération et à l'intégration sociale? Un régime éducatif trop idéaliste et éthéré prépare-t-il l'individu aux luttes de l'adulte? Comment une éducation évitant toute frustration peut-elle assurer une saine résistance aux frustrations inévitables de l'existence? On le voit, il ne suffit pas d'utiliser les motivations efficaces; *il faut encore que celles-ci soient compatibles avec le but final que l'on s'était fixé*: l'exploitation des motifs, en raison de leur seule efficacité spécifique risque de conduire à la contre-éducation.

Chapitre quatrième
L'intelligence

Si l'adulte de demain est appelé, comme l'écrit M. Louis ARMAND, à « vivre dans un monde aux dimensions transformées et aux données mouvantes » [25] et s'il est destiné à faire face activement à des problèmes nouveaux, de complexité toujours croissante, auxquels il devra trouver des solutions originales, alors l'entraînement à une pensée intelligente, efficace, créatrice, constitue l'un des objectifs pédagogiques capitaux. L'enfant doit apprendre à réfléchir par lui-même, à penser à son propre compte plutôt qu'à répéter les informations reçues ou à reproduire la gamme des solutions toutes faites imaginées par ses prédécesseurs. Dans un monde toujours plus complexe, *l'enfant doit être entraîné à être intelligent*.

Mais n'est-il pas admis que la capacité intellectuelle d'un individu constitue une « donnée » immuable, largement déterminée par des facteurs héréditaires: on est intelligent ou on ne l'est pas. Dans ces conditions, que peut-on espérer y changer? Il n'entre pas dans notre propos de nier la trop évidente réalité des limites individuelles, parfois fort étroites, auxquelles se heurtent les efforts des éducateurs; mais est-on toujours certain d'avoir atteint ces limites, d'avoir tout essayé ou, plus implement, d'avoir mis tous les atouts du côté de l'éducation? Ne se contente-t-on pas trop facilement de cet oreiller de paresse qu'offrent à l'éducateur et à l'enfant un certain nombre de clichés familiers concernant la bêtise, l'inaptitude intellectuelle générale ou spécifique, les incapacités électives dans tel ou tel domaine de l'activité mentale? Trop de travaux, en effet, mettent aujourd'hui en évidence l'impact de facteurs affectifs, éducatifs, économiques, sociaux ou culturels sur le rendement intellectuel pour que l'on puisse encore considérer avec une bonne conscience pédagogique l'« intelligence » d'un individu comme une grandeur constante et définitive. Il n'est pas du tout certain que les limitations auxquelles on fait volontiers allusion dans ce domaine aient bien toujours le caractère absolu et inexorable qu'on leur prête. On sait combien les altérations de la santé de l'individu, combien les modifications de l'équilibre familial ou du régime éducatif, combien les états de tension ou d'insécurité, combien un simple changement de classe ou de maître peuvent retentir sur la manifestation des capacités intellectuelles. On sait aussi que ces capacités, chez l'enfant, présentent une relation fort étroite avec les caractéristiques socio-économiques ou culturelles du milieu familial et avec le niveau d'éducation des parents. Des enquêtes ont mis en évidence l'évolution intellectuelle très favorable, après adoption dans un bon cadre familial, de jeunes enfants provenant de milieux extrêmement déshérités au point de vue mental. D'autres ont révélé comment, d'un groupe d'enfants abandonnés, recueillis dans un même orphelinat, ceux qui fréquentaient une bonne école maternelle se développaient mieux que les autres du point de vue intellectuel. On pourrait multiplier les exemples de ce genre et souligner ainsi, s'il en était encore besoin, que l'intelligence ne se développe pas indépendamment des sollicitations du milieu dans lequel l'individu se développe et des expériences qu'il y vit, et qu'elle n'apparaît nullement comme une entité séparable de l'ensemble de la personnalité de l'enfant.

Bref, *il n'est pas du tout certain que nos usages éducatifs traditionnels développent au mieux et exploitent au maximum les potentialités intellectuelles de chacun*. Il est permis de penser que le régime hérité de nos pères ressemble peut-être trop à un crible et que, plutôt que de se poser à propos de l'enfant la question classique: « Est-il intelligent ? » on devrait, dans la perspective pédagogique et sociale d'aujourd'hui, se poser cette autre question: « Que pouvons-nous faire pour qu'il devienne aussi intelligent qu'il peut l'être ? » Et à ce propos, il faut sans doute bien admettre que tout n'est pas toujours mis en œuvre et que, d'ailleurs, notre ignorance est encore considérable. Aussi désagréable que ce soit, on doit bien reconnaître que s'il existe des familles et des écoles qui favorisent l'intelligence, il en existe aussi bien d'autres, hélas, qui, au contraire, en empêchent ou en limitent l'épanouissement. Si l'on connaissait mieux les caractéristiques propres aux unes et aux autres, ainsi que les attitudes dominantes propres aux adultes qui les régissent, peut-être arriverait-on à mieux organiser l'éducation et à l'agencer de manière à ce qu'elle «produise» plus d'intelligence.

Il ne paraît plus utopique de penser que la psychologie puisse apporter quelque lumière à la solution de ce problème. On voudrait se permettre ici de souligner simplement quelques points qui se rapportent à la question, tout en se gardant bien d'empiéter sur le terrain des spécialistes de la didactique ou de la méthodologie scolaire qui poursuivent activement leurs travaux depuis plusieurs décades.

Il faut rappeler avant tout que l'intelligence et les facteurs qui favorisent son épanouissement s'élaborent bien avant qu'il ne soit question d'école. Cette élaboration commence dès le berceau, peut-on dire, et dès à propos des activités les plus primitives. La tradition nous a si bien centrés sur les aspects conceptuels abstraits ou «scolaires» du fonctionnement intellectuel que nous en avons perdu de vue *les conditions élémentaires*. L'intelligence, c'est, avant tout, une certaine organisation de l'action en vue d'un but. Elle implique donc, à tous ses niveaux, mais de façon plus évidente peut-être à ses niveaux fondamentaux, *le désir*, *l'initiative et l'activité*. Qu'un jeune enfant soit par extraordinaire sans désir, que rien ne se propose à lui ou ne le sollicite, et il n'organisera aucune action, faute de but. Qu'un autre soit, par crainte ou par timidité porté à se détourner du monde ambiant, qu'il n'ose pas se risquer dans l'action, convaincu qu'il est de son impuissance ou assuré par l'expérience de l'inutilité ou de la nocivité de toute démarche venant de lui, et il n'organisera rien non plus, se contentant de rêver la satisfaction de ses désirs plutôt que de chercher à l'assurer. Ce qu'on appellera apathie, absence d'intérêt ou d'investissement chez l'un, passivité, nonchalance, anxiété ou prudence excessive chez l'autre, font mal augurer de leur développement intellectuel à tous deux si rien ne vient modifier ces attitudes qui se rapprochent précisément de ce que l'on peut observer dans certains cas de déficience mentale. Or, on ne se doute apparemment pas qu'il est des régimes « éducatifs » de nature à provoquer plus ou moins directement de telles attitudes.

La présence de stimulations extérieures variées, la liberté d'explorer et d'investiguer, de se livrer à mille expériences de toutes sortes et de s'exercer aux activités les plus diverses, la possibilité d'élaborer graduellement une espèce de foi naïve et implicite dans les chances d'aboutissement de l'action propre, paraissent bien constituer autant de conditions fondamentales du démarrage de l'intelligence. Et tout ce qui limite exagérément ces conditions semble bien être de nature à hypothéquer son évolution ultérieure. Peut-être les parents ne sont-ils pas suffisamment avertis de l'importance de ces facteurs et sont-ils trop peu sensibilisés à la valeur profonde de la manipulation, de l'investigation libre, du jeu spontané pendant les premières années de la vie. Peut-être nos traditions éducatives portent-elles à sous-estimer chez l'enfant tout ce qui ne s'inscrit pas de manière évidente dans les modalités d'une préparation sérieuse aux tâches de l'adulte et à restreindre ou à minimiser chez lui toute activité spontanée, d'autant plus volontiers que celle-ci comporte quelques risques évidents. On considère trop volontiers cette activité comme une agitation gratuite et sans profit, que l'on peut à la rigueur tolérer; on ne voit pas assez qu'elle constitue en fait le fondement même de toute activité mentale, digne dès lors de quelques égards et de quelque considération.

Or, à l'égard de toute cette activité ludique, dans laquelle les psychologues ont pu voir à la fois une exploration de soi-même et du monde ambiant, une mise à l'épreuve de soi-même et des objets, une recherche de performances et de succès valorisateurs, l'attitude des adultes prend des formes très diverses. Les uns ne songent qu'à la restreindre : il faut rester tranquille, il ne faut pas faire de bruit, il ne faut pas déranger les grandes personnes; en un mot, il faut être sage. Au besoin, les avertissements, les menaces, les sanctions conduiront l'enfant à voir son activité comme coupable et ses initiatives comme nécessairement mauvaises : il se figera dans la passivité pour conserver l'affection parentale. D'autres interfèrent par leur anxiété et leurs craintes : ils ne voient que les dangers, les accidents possibles; ils croient devoir aider l'enfant dans chacune de ses entreprises, le soutenir à tout moment dans sa faiblesse et son ignorance, le mettre en garde contre tous les périls; ils s'interposent constamment de manière protectrice entre le monde et lui. Ce faisant ils accentuent à ses yeux sa totale impuissance devant un univers essentiellement dangereux et plein de menaces, dans lequel il serait bien téméraire d'oser s'aventurer. D'autres encore ne s'intéressent pas à ce qu'il fait, ne l'aident jamais dans ses efforts, ne participent jamais à ses triomphes, ne lui suggèrent jamais aucune activité plaisante ni aucune performance, ne font jamais appel à ses services; ils lui font sentir qu'il vit dans une sphère à part, sans valeur à leurs yeux, où tout ce qui pourrait se passer ne peut en aucune manière les concerner. Ces adultes ignorent les uns et les autres que, par leurs attitudes à l'égard des activités enfantines, ils contribuent grandement à déterminer le cadre de référence par rapport auquel l'enfant apprend à se juger lui-même et à évaluer ses entreprises.

Que l'on n'aille pas s'imaginer que tout cela est sans poids, sans importance, ni surtout sans rapport avec notre objet! S'il est assurément trop elliptique d'affirmer que la passivité rend bête, que l'anxiété réduit l'intelligence et que l'absence de valorisation de la part de l'adulte altère le dynamisme progressif de l'enfant, il est pourtant permis, à la lumière de l'expérience clinique, de penser que des situations de ce genre, se prolongeant pendant des mois et des années, ne sont pas sans effet et qu'elles peuvent déterminer chez l'enfant, à l'égard du monde, des êtres et de soi-même, des attitudes qui s'inscrivent aux antipodes de celles qui seraient de nature à favoriser un fonctionnement harmonieux, audacieux et efficace des possibilités intellectuelles.

Sans nous étendre plus longuement sur l'importance de ces étapes initiales, il semble essentiel que les activités spontanées du jeune enfant, éclairées et en quelque sorte commentées pour lui par les réactions de son entourage parental, le conduisent à une perspective dont les principaux éléments seraient les suivants :

— voir le monde ambiant comme un champ d'expériences passionnantes, d'investigations et de conquêtes, inspirant davantage le désir et la curiosité que la crainte et la défiance;

— se voir soi-même avec confiance, comme un personnage efficace, capable d'arriver à ses fins et de réussir ses entreprises, ne craignant pas de solliciter au besoin le concours d'autrui, sans pourtant s'en remettre à lui devant chaque obstacle;

— voir dans l'action un moyen qui permet de surmonter les obstacles et d'atteindre ses buts, à condition de s'y engager vraiment, avec persévérance et cohérence, en tenant compte de la réalité, et trouver dans cette action plaisir, satisfaction et joie;

— considérer l'échec comme un risque normal plutôt que comme une menace, comme une constatation objective de la résistance du réel et comme un défi plutôt que comme un indice de sa propre impuissance et de sa non-valeur foncière.

Il est permis de croire qu'un tel acquis, résultant des expériences de la petite enfance (et qu'il importe de bien situer précisément dans son contexte d'enfance pour ne pas nous faire dire ce que nous ne pensons pas), contienne plus de promesses pour le développement intellectuel ultérieur de l'individu que toutes les exhortations à être « raisonnable » qui ne sont le plus souvent que des appels à la passivité et à la pusillanimité. Le doute de soi, la crainte, la peur de s'engager constituent les freins les plus puissants à l'envol de l'intelligence; ils se rencontrent bien plus fréquemment que l'insuffisance intrinsèque du potentiel intellectuel.

Toutefois, le propre de l'intelligence humaine, c'est précisément de dépasser l'action concrète, de la transposer sur un nouveau plan, celui de la représentation, et d'en multiplier ainsi prodigieusement l'efficacité. Comme l'a si bien écrit DELACROIX[26], le propre de l'intelligence, c'est de « déborder le donné par le construit ». Or l'instrument de cette transposition capitale, de cette construction se superposant au donné, c'est évidemment *le langage, c'est la parole, qui se situe par-là même au centre de tout le processus éducatif*. On a assez souligné, pour ne pas devoir y revenir ici, le rôle essentiel du langage dans la structuration et dans l'organisation de la pensée individuelle qui, selon certains, n'est que le langage intériorisé. On a assez montré son rôle capital pour la participation de l'individu à la culture de son groupe et à celle de l'humanité. Il est superflu de rappeler sa fonction dans la communication et dans l'échange mental entre les individus. Mais peut-être n'est-il pas inutile de rappeler que la « découverte » et l'assimilation du langage par l'enfant constituent une œuvre laborieuse et de longue haleine, présentant de nombreux aléas. Le risque existe en effet toujours que la langue ne soit assimilée que fort approximativement par l'individu, d'où ne peuvent évidemment résulter qu'une pensée fort approximative elle-même et des possibilités d'échange limitées en extension comme en profondeur. Un langage mal installé, mal acquis, remplira mal sa fonction d'organisateur de la pensée et les pouvoirs d'analyse, d'abstraction, de généralisation, de conceptualisation, de classification, d'association, de réflexion de l'individu s'en trouveront inévitablement restreints. Il n'est nullement indifférent que le langage soit pauvre, peu nuancé, confus, incorrect et surtout inadéquat, c'est-à-dire ne correspondant pas à ce qu'il est censé exprimer: tout le développement de l'intelligence ne pourra que s'en ressentir. Notons en passant que le bilinguisme intensif pendant les premières années, alors qu'intelligence et langage se structurent réciproquement, pourrait bien avoir de tels effets, ainsi que le prétendent certains auteurs et que le démontre l'expérience clinique.

Sans doute les enseignants sont-ils attentifs à cette importante question, mais ils ne le seront jamais trop, surtout à une époque où tant de publications pour la jeunesse pèchent lourdement par ce côté. Mais le langage va tellement de soi, pour les adultes, qu'ils sont portés à oublier qu'il n'en est pas de même pour l'enfant, constamment amené à utiliser des mots qu'il ne comprend pas, qui n'ont pas de signification pour lui ou auxquels il donne une signification fantaisiste, toute personnelle. On peut d'ailleurs penser que nous nous leurrons volontiers en ce qui concerne la compréhension verbale de nos élèves.

Une enquête entreprise autrefois par BURT sur des enfants âgés de 7 à 8 ans des quartiers populaires de Londres, avait révélé que 98 % d'entre eux n'avaient jamais vu la mer et 23 % n'avaient jamais vu un champ ou un pré. Que pouvaient bien représenter ces mots élémentaires pour ces sujets ?

Il y a quelques années, un de nos étudiants s'est livré à une recherche sur la compréhension du vocabulaire historique. Des élèves de 6e primaire furent invités à donner la preuve qu'ils comprenaient le sens de 55 termes empruntés au manuel d'histoire qu'ils avaient employé l'année précédente, soit en en donnant une définition acceptable, soit en les utilisant correctement; la compréhension de chaque mot était ainsi « testée » de trois manières différentes. Il s'agissait de mots tels que: arbitraire, belliqueux, corporation, croisade, défricher, félon, héréditaire... etc. Il est intéressant de savoir qu'en moyenne, 27 mots sur 55 étaient compris, que 12 mots ne l'étaient que par moins du quart des élèves, et que les mots les plus souvent connus, tels que bûcher ou catapulte, ne l'étaient que par 40 des 42 sujets de l'expérience ! Le mot « croisade » pourtant capital, étant donné la matière étudiée, n'a paru compris que par 2/3 des élèves !

Non seulement des termes couramment utilisés par l'adulte peuvent ne correspondre à rien de précis pour l'enfant, mais encore des mots ayant fait partie de leçons enseignées, expliquées, apprises et peut-être même discutées en commun n'ont pas de signification par la suite... Chaque année, les examens universitaires nous permettent d'ailleurs de faire des constatations analogues. On peut s'interroger sur la qualité des notions et des raisonnements élaborés par l'enfant avec un vocabulaire partiellement incompris, avec des mots qui, sans doute, représentent quelque chose, mais qui n'ont pas leur signification exacte, qui en ont peut-être une toute fantaisiste !

On peut évidemment suggérer de ne pas surcharger inconsidérément le vocabulaire utilisé, de s'en tenir à quelque vocabulaire « de base ». Nous ne sommes pas qualifiés pour prendre position sur ce point, tout en admettant qu'il y a peut-être en effet des excès, du moins dans certains domaines. Mais ce qui nous paraît certain, c'est que tous les éducateurs, tant parents que maîtres, devraient être attentifs à enrichir l'enfant d'expériences nombreuses, à faire coïncider le langage avec les expériences qu'il est censé exprimer et les expériences vécues avec le langage qui les exprime, de sorte que l'extension du vocabulaire aille de pair avec l'élargissement de l'expérience, et que le langage ne risque pas de se détacher de celle-ci pour n'être plus qu'une sorte de trompe-l'œil, de faconde creuse ou de jargon strictement individuel.

Pour que le langage ait toute sa signification et toute sa valeur et pour qu'il sous-tende une pensée efficace, il doit s'appuyer sur l'expérience vécue, sur ce que nous avons appelé plus haut des événements significatifs. C'est encore une fois l'activité de l'enfant, ses contacts directs ou indirects avec le concret qui peuvent assurer cette liaison nécessaire, et c'est la multiplicité de ses expériences qui vont lui permettre de préciser peu à peu la valeur des concepts que l'on utilise autour de lui. Images, photographies, films pallient utilement l'insuffisance des expériences directes réalisables, mais là encore il faudra être attentif à ce que ne s'élabore pas une interprétation toute personnelle du document unique. Toute une pédagogie de l'image et du film peut se concevoir à côté de celle du mot, et les spécialistes s'en occupent d'ailleurs.

VALENTINE rappelle le cas d'un garçon pour qui un « château » se dressait nécessairement sur une falaise parce que telle était la caractéristique du seul château qu'il eût réellement observé. Pour bien des jeunes écoliers, n'est un triangle rectangle que celui qui se présente dans la position exemplaire qu'il a dans le manuel, le plus long côté de l'angle droit étant parallèle au bord inférieur de la page; si on le place sur l'hypothénuse, beaucoup ne s'aperçoivent même plus qu'il s'agit d'un triangle rectangle !

Enfin c'est en parlant à l'enfant, en parlant devant lui et en lui donnant l'occasion de parler de ce qu'il éprouve, de ce qu'il fait, de ce qu'il observe, de ce qu'il sait, de ce qui l'intéresse, qu'on l'aidera le mieux à s'assimiler le langage. On ne peut que se réjouir, à ce propos, de ce que la classe soit de moins en moins passive et silencieuse. La technique decrolyenne des «causeries» où l'enfant est appelé, non pas à réciter devant la classe des choses qu'il ne comprend pas, en respectant un vocabulaire et une syntaxe qui ne sont pas les siens, mais à exposer à ses camarades une question qu'il a assimilée selon ses moyens, en fonction de ses intérêts, paraît éminemment propre à promouvoir une étroite correspondance entre contenus significatifs et formulation verbale. Les conversations et les débats entre enfants ont à cet égard aussi une valeur que l'on aurait tort de sous-estimer: c'est en causant avec ses égaux que l'enfant est obligé de faire le plus grand effort de clarté et de cohérence, sinon de style, car ses pairs font moins d'efforts que l'adulte pour comprendre sa pensée.

Contacts avec le réel et contacts sociaux sont indispensables au passage du «préconcept» individuel au concept socialisé et pleinement significatif; la référence à l'expérience active de l'enfant est le meilleur antidote au sot psittacisme par lequel on a si souvent caricaturé la culture scolaire, et ce qui est vrai des mots l'est tout autant des opérations mentales dont le caractère primitif d'action échappe si souvent à l'enfant. On sait, à ce propos, que toute une didactique a pu être élaborée sur la base des vues émises par PIAGET dans sa théorie opératoire de l'intelligence.

Mais il va de soi que les termes correspondant à des notions abstraites demandent une attention particulière: non seulement ils se réfèrent de façon souvent moins évidente aux objets et aux faits de l'expérience enfantine et ils doivent précisément en être détachés, abstraits, mais de plus ils sont indispensables au fonctionnement d'une pensée adulte. Imposer prématurément un langage abstrait à l'enfant c'est toujours risquer de le faire parler pour ne rien dire ou de l'amener à ne rien comprendre à ce qu'il dit. Une de nos élèves, étudiant naguère la compréhension des énoncés de problèmes par l'enfant, avait eu la surprise de constater que le terme « autant que », qu'on y rencontre si souvent, n'était pas vraiment compris par les enfants avant la cinquième, voire la sixième année primaire. Il n'est pas douteux que beaucoup de difficultés surgissant dans le domaine des mathématiques ou des branches scientifiques n'ont pas d'autre origine qu'une compréhension insuffisante des termes propres à ces disciplines.

Diverses expériences ont mis en évidence quelques principes qu'il n'est pas inutile de rappeler à ce propos. L'élément à abstraire, à isoler du contexte gagne à être présenté à de multiples reprises, dans des situations bien concrètes et réalistes, aussi différentes que possible les unes des autres, mais toujours dans un ensemble aussi simple qu'il se peut. Il s'avère plus profitable d'inviter les élèves à isoler cet élément par eux-mêmes plutôt que de le leur indiquer. Enfin les exemples négatifs se sont révélés inutiles.

D'aucuns soulignent à juste titre, à notre époque d'information généralisée et de communications faciles, combien les notions abstraites tendent à être oblitérées par des connotations d'ordre affectif qui s'y attachent aisément; c'est particulièrement le cas à l'âge où l'adolescent se passionne pour les idées générales et les grandes théories, qu'elles soient d'ordre scientifique, politique ou philosophique. Il est des mots, en effet, tels que marxisme, démocratie ou capitalisme, par exemple, qui éveillent des résonances telles que leur signification véritable s'en trouve altérée et leurs références objectives cachées. C'est encore une façon de ne pas les comprendre, de les utiliser improprement et donc, de gauchir ou même de fausser complètement le raisonnement et la réflexion. De même que c'est une des tâches de l'éducateur de promouvoir l'adéquation du signifiant au signifié chez l'enfant, il lui incombe d'aider le jeune à circonscrire le sens exact des termes périlleux, de les démystifier en quelque sorte, de l'amener à prendre conscience du « halo affectif » qui les entame et les obscurcit ainsi que de l'équation personnelle, généralement héritée du milieu, qui en déforme pour lui la portée. On peut concevoir maints exercices, dans les grandes classes, qui rempliraient cette utile fonction d'épuration et de clarification et qui pourraient du même coup contribuer à améliorer les relations humaines.

On admet généralement que les études scolaires, avec les exercices de tout genre qu'elles comportent, sont propres, non seulement à meubler l'esprit de connaissances utiles, mais encore, et peut-être surtout, *à développer les capacités intellectuelles et en particulier le raisonnement*. Certaines branches du programme, tels le latin ou la géométrie, sont même considérées comme ayant une vertu formatrice toute spéciale; on entend dire souvent qu'elles constituent une irremplaçable « gymnastique de l'esprit ». Et l'on s'attend à ce que cette gymnastique bénéficie à tout l'organisme mental et pas seulement au secteur exercé: il est implicitement admis que les conduites apprises dans le cadre de tels enseignements seront utilisées spontanément et à bon escient dans des contextes tout différents, soit à propos de l'étude d'autres matières, soit tout simplement dans les problèmes de la vie journalière. Il faut malheureusement reconnaître que ces affirmations traditionnelles et courantes n'ont pas fait l'objet de beaucoup de vérifications expérimentales et que d'ailleurs, leur bien-fondé est aussi difficile à établir qu'à nier. Par contre, il ne manque pas de doléances, régulièrement émises, soulignant la pauvreté des résultats de l'enseignement en général, l'ignorance inquiétante des élèves, leur manque total de méthode de travail, l'insuffisance de leurs capacités de raisonnement. Sans doute ne faut-il rien exagérer, mais le moins que l'on puisse dire est que, si personne ne met en doute les effets de la scolarité, du moins au niveau du principe, il y a parfois des raisons d'être troublé quand on se place au niveau du rendement effectif atteint par ceux qui ont bénéficié de cette scolarité...

De nombreux facteurs sont assurément en cause. Nous croyons en avoir déjà effleuré quelques-uns et nous en toucherons d'autres encore. Tenons-nous-en pour le moment à ce qui concerne plus particulièrement l'intelligence et le raisonnement. Sur la base d'enquêtes sérieuses, certains auteurs ont cru pouvoir mettre en doute la prétendue valeur formatrice des «disciplines formelles» chères aux classiques de la pédagogie; ils ont été jusqu'à affirmer qu'il n'existait pas de branche plus formative de la pensée en général et que chacune d'elles n'avait qu'un effet spécifique. L'étude du latin ne formerait qu'au latin, celle de l'histoire à l'histoire, celle de l'algèbre à l'algèbre; elles n'auraient donc qu'une valeur fort réduite pour la majorité des individus, qui ne deviennent ni latinistes, ni historiens, ni algébristes. Quant à la prétendue supériorité intellectuelle des personnes ayant fait des humanités classiques, la preuve n'en est pas facile à établir et de surcroît si elle existe, elle pourrait bien avoir pour fondement une sélection socioculturelle jouant dès avant que cette formation ne soit abordée. Personnellement, nous sommes beaucoup plus sensible à ce fait d'expérience que connaît sans doute tout psychologue praticien: l'énorme difficulté qu'éprouvent les écoliers à résoudre des problèmes de raisonnement qui ne se situent pas dans le cadre traditionnel des branches scolaires habituelles ou à utiliser dans des contextes moins usuels des connaissances scolaires pourtant bien établies. Les maîtres aussi connaissent certainement cette étrange incapacité des élèves à faire appel aux mathématiques, à la physique ou à la chimie au cours de géographie, à se rappeler de faits historiques au cours de littérature. Tout se passe comme si le savoir acquis en classe était singulièrement cloisonné et spécifique, comme si l'intelligence ne savait jouer que d'un certain nombre de claviers étroitement circonscrits, dont l'usage se limiterait d'ailleurs strictement au cadre scolaire. Hors de ce cadre les individus donnent souvent l'impression d'une grande ignorance et d'une relative incapacité mentale, comme si tout ce qu'ils avaient appris ne servait effectivement à rien, comme s'ils ne savaient rien en faire...

Cette capacité à tirer parti dans un nouveau contexte ou dans une situation nouvelle de ce qui a été appris dans un autre contexte ou, en termes plus généraux, cet effet favorable sur une activité déterminée d'une autre activité antérieure, est désigné du terme de « transfert » par les psychologues, qui s'y sont beaucoup intéressés. Nous l'avons déjà dit, l'école sous-entend l'existence du transfert, elle le considère comme allant de soi : elle enseigne un certain nombre d'éléments fondamentaux auxquels l'élève saura faire appel dans des circonstances différentes. *Mais ce transfert n'a apparemment pas lieu de façon aussi générale qu'on le pense et ne se fait pas automatiquement, tant s'en faut.*

Une recherche déjà ancienne illustre bien, par un côté particulier, ce phénomène. Pendant plusieurs semaines, le professeur d'arithmétique a insisté auprès de ses élèves sur l'importance de la netteté et de la présentation des travaux, les autres professeurs s'abstenant pendant cette période de manifester la même exigence. Graduellement, on a vu les devoirs et travaux d'arithmétique devenir plus propres et plus soignés dans leur présentation; cependant, rien de tel ne s'est fait jour en ce qui concernait les travaux relevant des autres branches !

On ne peut évidemment tout enseigner, ni prévoir toutes les situations auxquelles l'individu aura à faire face. Un enseignement qualifié de « général » et dont la finalité est générale, en effet, devra donc viser à favoriser le transfert dans toute la mesure du possible. Les faits auxquels nous avons fait allusion permettent de penser que tel n'est pas le cas. On peut même se demander si certaines pratiques scolaires ne sont pas plutôt de nature à empêcher le transfert, ce qui expliquerait bon nombre d'observations décevantes. Une de ces pratiques, contre lesquelles on s'élève depuis longtemps en réclamant une meilleure coordination des enseignements, est le cloisonnement des diverses disciplines, qui se présentent à l'élève comme autant d'activités indépendantes et hétérogènes, n'ayant aucun lien entre elles et poursuivant chacune une finalité propre. Ce cloisonnement est encore renforcé, au niveau secondaire, par le fait que chaque discipline est enseignée par un spécialiste, souvent éminent, mais volontiers porté à accorder une importance particulière à sa branche, parfois au mépris d'une formation générale de l'esprit et sûrement aux dépens d'une vision unitaire de la connaissance et des démarches qu'elle implique. Comment l'élève serait-il amené à généraliser ou à transposer dans d'autres domaines ce qui lui est présenté comme tout à fait spécifique ? Toute l'activité de l'esprit et tout son champ d'investigation ne peuvent prendre pour lui qu'un aspect morcelé, voire même incohérent, incompatible aussi bien avec la réalité qu'avec une bonne utilisation de l'acquis. On ne saurait assez insister sur l'importance, pour la formation intellectuelle, de l'établissement de réseaux de relations entre les disciplines différentes, aussi bien en ce qui concerne les contenus qu'en ce qui concerne les méthodes de travail et les mécanismes de pensée.

L'expérience montre que ne sera transposé et généralisé que ce qui est présenté comme transférable et généralisable. Il y a donc le plus grand intérêt à souligner abondamment l'existence d'éléments communs à des ensembles différents, à insister toujours sur les zones de recouvrement et sur les lignes de prolongement qui peuvent se percevoir entre domaines apparemment étrangers l'un à l'autre. Et ce qu'il y a probablement de plus commun, de plus général, ce sont les principes mêmes de l'activité intellectuelle, ses méthodes, les attitudes fondamentales qu'elle suppose : plus que son contenu, c'est la manière dont une branche est enseignée qui est vraiment formative. Et on peut se demander si ces principes, ces méthodes, ces attitudes sont suffisamment soulignés dans la pratique courante. On exerce assurément l'intelligence dans nos classes, mais lui donne-t-on un entraînement systématique et transférable ? Toutes les expériences révèlent que l'accentuation et la prise de conscience de méthodes rationnelles et réfléchies conduisent à un transfert plus considérable que le simple exercice « spontané » de l'intelligence.

Parmi les nombreuses recherches éclairant ce point, nous aimerions en rappeler deux qui nous semblent particulièrement illustratives.

En 1927, MEREDITH s'est interrogé sur les possibilités de transfert sur le plan de la définition de termes. 60 garçons ont été répartis en trois groupes de même intelligence. Le premier groupe, servant au contrôle, a subi à un certain intervalle deux tests de même difficulté, consistant chacun à définir 20 termes. Le résultat est le même pour les deux tests. Le second groupe a eu des leçons sur le magnétisme, comprenant des exercices de définitions dans le cadre du vocabulaire intervenant à propos de ce thème. Ces leçons ne produisent aucune amélioration dans le second test par rapport au premier, et les résultats d'ensemble sont même légèrement inférieurs à ceux du premier groupe de sujets. Le troisième groupe enfin subit le même programme que le second avec, en outre, l'explication et la discussion détaillée des définitions utilisées. Au second test, ce groupe obtient un résultat considérablement meilleur que celui des deux autres groupes. Comme le remarque VALENTINE qui rapporte et commente cette expérience, le troisième groupe a pratiquement bénéficié d'une leçon de logique élémentaire concernant la définition, ce qui explique sa supériorité sur le second qui n'a fait que des exercices de définition, sans effet en dehors du domaine considéré. Bref, le seul exercice sur les définitions, dans un cadre restreint, est resté spécifique alors qu'un entraînement à un niveau plus général a donné lieu à un transfert très net[27].

En 1939, ULMER [28] a cherché à mettre en évidence la valeur formative de la géométrie pour le raisonnement en général. Trois groupes équivalents ont été constitués sur la base d'un test de raisonnement à caractère non mathématique. Le premier groupe a bénéficié d'un enseignement de la géométrie envisagée comme « technique de pensée » et présentée de manière à mettre en évidence et à analyser les principes fondamentaux de raisonnement. Le second groupe a eu un enseignement traditionnel de la géométrie, envisagée « pour elle-même » comme une discipline fermée, se suffisant en soi. Le troisième, constituant le groupe-contrôle, n'a eu pendant la même période aucun enseignement de géométrie. Quand on soumet ensuite les sujets à un nouveau test de raisonnement non mathématique, on s'aperçoit que le groupe-contrôle réalise un progrès très léger par rapport au premier test et le second groupe un progrès à peine supérieur. Le premier par contre réalise un progrès considérable, d'environ cinq fois celui du groupe-contrôle.

Groupes	Gain moyen (second test de raisonnement comparé au premier)		
	Sujets dont le quotient intellectuel est		
	Inférieur à 100	Entre 100 et 119	Supérieur à 120
I géométrie « technique de pensée »	24,2	25,2	30,7
II géométrie « pour elle-même »	5	8,3	13,4
III contrôle	5,1	5,1	4,0

On peut en conclure que la géométrie enseignée « pour elle-même », comme un ensemble fermé, ne donne lieu qu'à un transfert spécifique sur son propre terrain mais ne produit pas d'effet appréciable sur le développement du raisonnement en général. Enseignée au contraire de manière délibérée sous l'angle des techniques de pensée qu'elle implique, celles-ci étant analysées et discutées, elle donne lieu à un transfert considérable. Bref, pour qu'il y ait un transfert, il est capital que les principes et les méthodes entrant en jeu dans une discipline donnée soient mis en évidence, analysés, rendus conscients, qu'ils soient en quelque sorte extraits de leur contexte et rendus mobiles et généralisables. De telles conclusions sont confirmées par maintes autres recherches.

Comme on peut s'y attendre, le transfert constaté dans l'expérience d'ULMER est d'autant plus marqué que les sujets sont plus intelligents, même dans le cas du second groupe. On peut dire que «l'aptitude au transfert spontané» constitue précisément un aspect non négligeable de l'intelligence: pour l'individu peu doué, il semble bien qu'il n'y ait vraiment jamais qu'entraînement spécifique, peu généralisable. Mais ce sont précisément les sujets relativement moins brillants qui ont le plus besoin de l'enseignement: les résultats montrent que ce sont d'ailleurs eux qui, proportionnellement, profitent le plus d'un entraînement favorisant délibérément le transfert.

Nous retiendrons surtout de ces quelques données que le transfert ne se produit guère automatiquement, sauf peut-être chez les sujets très bien doués; l'enseignement devrait donc être conçu de manière à le favoriser. Il faut d'ailleurs noter de surcroît que le transfert peut avoir occasionnellement un effet négatif, l'élève appliquant à tort un principe qu'il croit adéquat à la nouvelle situation. Ce n'est qu'une raison de plus pour être extrêmement attentif à l'entraînement au raisonnement et pour ne pas confier au hasard l'éventualité du transfert.

Personne ne niera que les travaux scolaires font appel au raisonnement et qu'ils l'exercent. On peut toutefois se demander s'ils ne pourraient faire beaucoup plus et assurer un véritable *entraînement du raisonnement,* dans une perspective plus largement généralisable à toutes sortes de contextes différents.

WHITE a montré en 1936 qu'il était possible d'agir en ce sens. 75 garçons de 13 ans sont répartis en deux groupes équivalents sur la base d'un test d'intelligence. Le premier groupe reçoit pendant 3 mois des leçons de grammaire ordinaires, dans la ligne du programme normal. Le second groupe bénéficie de surcroît d'une heure de logique par semaine, avec exercices commentés de classification, de définition, de déduction, etc. Les deux groupes sont ensuite soumis à un test de raisonnement, à un test d'arrangement logique de membres de phrases et à une composition anglaise, cotée par trois examinateurs pour la clarté de l'expression et la connexion des idées. Aux trois épreuves, le second groupe obtient des résultats significativement meilleurs que le premier, la différence étant particulièrement marquée pour le test de raisonnement[29].

Il semble donc bien que la formulation consciente de principes généraux de raisonnement, ainsi que le note VALENTINE, soit de nature à agir sur le fonctionnement et l'expression de la pensée, même à propos d'un matériel fort différent de celui sur lequel s'est fait l'entraînement.

La solution de problèmes de tous ordres, soigneusement dirigée, commentée et discutée peut donner lieu à un entraînement conscient du raisonnement, dépassant de beaucoup le traditionnel recours au problème-type dont tant d'élèves ont la plus grande peine à généraliser le mode de solution dès que l'énoncé prend un tour quelque peu différent. Cette question semble avoir particulièrement intéressé les psycho-pédagogues américains et l'on peut faire à propos de leurs travaux un certain nombre de remarques aussi classiques qu'utiles. Pour ces auteurs, influencés par la pensée de John DEWEY, très proche d'ailleurs de celle de notre bon maître genevois Edouard CLAPAREDE, la solution d'un problème peut se résumer aux étapes suivantes :

1. prise de conscience d'un obstacle, d'une perplexité, sans quoi il n'y a pas de problème;
2. localisation de l'obstacle, délimitation de la difficulté;
3. recherche d'informations concernant la difficulté;
4. élaborations d'hypothèses;
5. évaluation et contrôle des hypothèses;
6. application des hypothèses retenues et solution;
7. formulation de la réponse, des conclusions.

Un tel schéma, que l'on applique d'ailleurs en général partiellement et de manière inconsciente, peut être utilement érigé en méthode consciente et utilisé avec les enfants à titre d'entraînement. Faisons quelques remarques à propos de chacun de ces points, en nous inspirant des réflexions formulées par DAVIS [30].

1. Quand on parle de « problème », il est souhaitable qu'il s'agisse évidemment d'un problème véritable pour les élèves et non seulement pour le maître ou pour l'auteur du manuel... C'est encore une fois toute la question de la motivation qui est ici posée : les seuls vrais problèmes sont fonctionnels et jaillissent des démarches mêmes de l'élève et des buts qu'il poursuit !

2. La délimitation, la localisation précise de la difficulté ou de l'obstacle est souvent négligée par l'élève, qui procède alors par tâtonnements aveugles, essayant à tort et à travers tous les mécanismes qu'il connaît, et se perd en démarches stériles et décourageantes. Délimiter la difficulté c'est, évidemment, faire le départ entre ce que l'on a, ce que l'on sait — les données — et ce que l'on a pas, ce que l'on ignore — l'inconnue; c'est surtout préciser ce qui empêche de trouver cette inconnue, de répondre à la question et de poursuivre l'activité momentanément bloquée. Mais le problème étant situé, précisé et formulé, il importe alors de le garder présent à l'esprit: il n'est pas rare que l'enfant le perde de vue pendant qu'il œuvre à le résoudre!

3. La recherche et l'organisation de l'information sont souvent fort négligées; l'écolier est porté à courir à la solution sans étudier d'abord la question, sans chercher à la situer dans son contexte ou à la rattacher au réseau de connaissances ou de mécanismes qu'il possède déjà. Peut-être devrait-on l'aider à suspendre son jugement, à ne pas se contenter d'approximations, d'intuitions et de généralisations hâtives, et lui apprendre à ne pas tout accepter sans examen comme n'y prédispose que trop l'enseignement *ex cathedra*.

Certes les choses ont bien changé à cet égard depuis une vingtaine d'années. Mais on est encore et toujours bien contraint de se demander s'il est habituel d'enseigner à l'élève à consulter un livre, une table des matières, un index, un dictionnaire, un atlas, un tableau statistique? Lui enseigne-t-on à trouver les informations qui ne tombent pas toutes faites de la bouche du maître ? Lui montre-t-on à évaluer cette information, à faire la part de l'opinion, du préjugé, de l'esprit du temps ? Que de belles « leçons d'information » on pourrait donner à propos des cours d'histoire, de littérature, de sciences... Peut-être enseigne-t-on trop les faits, et pas assez la manière de les rétablir qui, elle, concerne précisément le fonctionnement de la pensée. Enfin, où l'élève apprend-il à organiser l'information recueillie, à prendre des notes, à faire des fiches, à rédiger un résumé intelligent, à établir des plans ou des schémas ? Nous savons bien qu'il est des maîtres attentifs à ces choses, mais on reste effrayé du nombre d'étudiants d'université qui, manifestement, ne les ont jamais apprises. Pourquoi laisser au hasard ou au génie de quelques cas exceptionnels des techniques intellectuelles aussi fondamentales ?

4. L'élaboration des hypothèses de solution garde un caractère mystérieux. Toutes les recherches soulignent le caractère particulier de leur brusque apparition, comme si elles émergaient d'un travail inconscient. Mais on a pu préciser un certain nombre de mesures qui paraissent de nature à favoriser leur apparition. Ici encore, au lieu de laisser les choses au hasard, on peut montrer aux élèves les attitudes ou les démarches utiles.

L'intérêt pour la question est évidemment une première condition; encore ne doit-il pas être tel qu'il suscite des réactions émotionnelles perturbatrices. Cet intérêt déclenchera une attitude active d'exploration : il ne suffit pas de « considérer » le problème, il faut le retourner sur toutes ses faces et se pénétrer de tous ses éléments, s'en saturer en quelque sorte l'esprit. Le grand obstacle à l'élaboration d'hypothèses valables semble être la rigidité et la stéréotypie des modes de pensée: l'écolier doit apprendre à varier ses voies d'approches, à attaquer sous des angles différents, à « voir » le problème selon des perspectives différentes. Cette souplesse et cette diversité dans la stratégie ne sont assurément pas favorisées par les « solutions-types » dont on croit devoir armer l'élève. Qu'on l'entraîne au contraire à prendre des risques et à ne pas craindre de faire preuve d'originalité, en essayant toutes sortes de solutions et en formulant toutes sortes d'hypothèses: il vaut sans doute mieux dire quelques bêtises que de se contenter d'un « je ne sais pas » craintif. Enfin, la constance et la persévérance dans les tentatives, la résistance au découragement, constituent des facteurs capitaux auxquels trop de critiques, de blâmes ou de remarques ironiques ne contribuent certainement pas. Mais on doit aussi savoir que, lorsqu'on s'est bien pénétré d'un problème, lorsqu'il « nous habite », c'est souvent en le laissant quelque peu reposer que l'on s'achemine le plus sûrement vers sa solution.

MUNN [31] fait état d'expériences de MAIER dans lesquelles des étudiants étaient invités à résoudre un problème concret. 206 sujets s'attaquèrent au problème sans aucune directive quant aux attitudes favorables dans ce genre de situation et 48 % d'entre eux réussirent dans le temps prévu. Un autre groupe de 178 étudiants eut préalablement un petit exposé de 20 minutes consacré à la solution de problèmes en général, dans lequel on insistait particulièrement sur les points suivants:

a. en cas d'incapacité à surmonter une difficulté donnée, il y a intérêt à s'en détourner et à s'attaquer à une difficulté différente;

b. ne pas s'enferrer dans la routine et l'habitude mais garder l'esprit ouvert et curieux;

c. la solution apparaît souvent de manière subite et on ne peut en forcer l'apparition; il est important de rester ouvert à d'autres combinaisons et de ne pas perdre son temps à de vains efforts.

Après cet exposé, la réussite dans ce second groupe fut le fait de 68 % des participants.

Dans une autre expérience, 196 sujets furent confrontés avec deux problèmes de même difficulté; ils furent invités à résoudre le premier, puis, après l'exposé dont il vient d'être fait mention, à s'attaquer au second. Le second problème fut résolu par deux fois plus de sujets que le premier.

5. L'enfant est encore plus enclin que l'adulte à accepter immédiatement pour valable toute idée qui lui vient à l'esprit. Il est donc utile et nécessaire de l'entraîner à contrôler les hypothèses qu'il formule parfois avec tant d'ardeur. Les conclusions auxquelles ses hypothèses le conduisent répondent-elles bien à la question posée au départ ? Sont-elles plausibles ? Concordent-elles avec d'autres faits ou d'autres principes bien connus par ailleurs ? Existe-t-il des faits qui permettraient de mettre ces conclusions en doute ? On ne saurait assez montrer aux élèves combien leur raisonnement est parfois sommaire et expéditif, combien ils se laissent facilement entraîner par l'apparence rigoureuse d'un développement ou par des effets d'atmosphère qui en masquent les sophismes ou les vices. On enseigne

assez de vérités aux enfants pour leur apprendre aussi à se méfier des contre-vérités, et notamment de celles qu'il leur arrive de produire eux-mêmes !

6. Enfin, les hypothèses ayant été contrôlées, on peut passer à la solution proprement dite du problème et

7. formuler les conclusions en s'assurant bien qu'elles sont adéquates par rapport à la question posée. Il sera bon alors de faire la revue des démarches effectuées et de les résumer, et de répéter le cas échéant tout le processus pour en favoriser la fixation.

Il ne fait aucun doute que l'enfant ne soit abondamment amené à faire des raisonnements au cours de ses activités scolaires. Mais il y aurait probablement intérêt à le pousser à raisonner de manière plus consciente et plus contrôlée et à lui donner ainsi une méthode générale de travail intellectuel, susceptible de s'appliquer à toutes sortes de problèmes, mêmes étrangers au cadre de l'école; on oublie peut-être un peu que ce sont précisément ceux-là auxquels il aura le plus à faire face plus tard.

Les réflexions que nous avons cru pouvoir grouper dans ce chapitre sont évidemment bien loin d'épuiser la question de l'éducation de l'intelligence. Mais en évoquant les attitudes dynamiques fondamentales, le problème du langage et du contact avec la réalité, celui du transfert et de l'exercice formel, celui enfin de l'entraînement au raisonnement ordonné, nous pensons avoir touché quelques-uns des points essentiels à propos desquels le psychologue praticien constate le plus de lacunes et de carences au cours de ses investigations auprès de sujets normalement doués par ailleurs. Il semble que les adultes pensent trop volontiers que l'intelligence va de soi et qu'elle se fait spontanément; nous avons simplement voulu rappeler qu'elle peut très utilement être aidée et soutenue.

Chapitre cinquième
La mémoire et l'oubli

Personne ne niera que les objectifs de l'éducation impliquent nécessairement la constitution d'un stock aussi important que possible de connaissances et d'informations de tous ordres, permettant à l'individu d'élaborer graduellement le cadre de référence — d'ailleurs mobile et en perpétuel remaniement — qui lui permette de participer à la culture de son temps et de son époque et de faire face aux innombrables problèmes avec lesquels il se trouve confronté. Il ne s'agit pas tant d'« orner » l'esprit de l'enfant de toutes sortes de savoirs plus ou moins gratuits — encore que mémoriser telle page de valeur soit sans doute et en définitive le seul moyen de la connaître, de la posséder, de s'en réjouir et de s'en nourrir à volonté — mais bien de lui assurer *la possession d'un équipement mental disponible à tout moment*, auquel il puisse recourir de manière fonctionnelle selon les circonstances, soit qu'il ait à y puiser à point nommé certaines informations précises, soit qu'il ait à s'inspirer de celles-ci en les transposant dans quelque contexte différent.

Peut-être la tendance existe-t-elle encore, chez certains éducateurs, de se contenter de la mémorisation, de faire de celle-ci comme le pilier de toute l'instruction, et de croire que ce qui est mémorisé et retenu est nécessairement compris, assimilé, prêt à être utilisé de manière fonctionnelle, en quoi ils se leurrent. A-t-on assez critiqué le psittacisme vide et stupide, qui constitue en quelque sorte un entraînement à la mauvaise foi et à la superficialité ! Mais la tendance opposée, plus « moderne », qui consiste à croire que ce qui a été compris une fois est nécessairement retenu et pourra être actualisé à tout moment est aussi trompeuse et ne tient pas davantage compte de la réalité. Il est quand même troublant d'apprendre que, de l'avis de certains chercheurs anglo-saxons ayant opéré dans l'enseignement secondaire, le tiers des faits d'histoire appris en classe sont oubliés après dix-huit mois ou que les deux tiers de la matière d'algèbre sont oubliés après un an ! Sans doute est-il capital d'avoir compris telle règle ou tel enchaînement de faits, mais ce n'est pas les savoir que de les avoir oubliés par la suite. Sans doute, comme on le répète à l'envi, est-il important de savoir où et comment on peut trouver ou retrouver les informations dont on a besoin à un moment donné; il en est pourtant qu'il vaut mieux posséder réellement pour pouvoir y faire appel sur-le-champ et avec certitude. Ce n'est pas parce que la mémorisation constitue parfois le moyen primitif et stupide permettant de reproduire ce que l'on n'a pas compris qu'il faut pour autant laisser sombrer dans l'oubli ce qui l'a été ! Nous ne croyons pas qu'une pédagogie, même « nouvelle », puisse faire fi de la mémoire; il n'y a pas d'efficacité mentale sans la conservation d'un réseau toujours plus vaste et plus complexe d'informations, pour autant qu'il soit bien entendu que savoir, ce n'est pas seulement pouvoir répéter, mais surtout comprendre.

Bref, le *problème de la mémoire et de la mémorisation* se pose inéluctablement à l'éducateur, et c'est précisément un de ceux que les psychologues ont le plus étudié. Nous croyons utile de nous y arrêter quelque peu et, sans faire œuvre originale, de rappeler un certain nombre de faits, connus sans doute, mais dont il semble qu'on ne s'inspire guère en éducation.

On admet, de façon générale, que l'on a une « bonne » ou une « mauvaise » mémoire et que, pour « avoir une bonne mémoire », il n'est que de l'exercer comme on le ferait d'un muscle, ce qui justifie tous les exercices de mémoire. Malheureusement, les choses ne paraissent pas aussi simples en réalité; nous avons en fait une « bonne » mémoire pour certaines choses et une « mauvaise » mémoire pour d'autres. Certains retiennent bien les poèmes qui sont incapables de retenir les dates historiques, les formules de chimie ou les numéros de téléphone, et de nombreuses expériences ont révélé l'existence de corrélations très faibles entre divers tests de mémoire, selon qu'il s'agisse de matériel auditif ou visuel, verbal ou numérique, de signes, de couleurs ou de sons, de faits structurés ou de données isolées et fragmentaires. La vieille image d'un enregistrement quasi photographique ou phonographique est aujourd'hui remplacée par celle d'un processus dynamique complexe dont la qualité dépend à la fois des circonstances et des dispositions du sujet, de la nature du matériel à retenir et de la procédure de mémorisation à laquelle on a fait appel. Toutes les recherches expérimentales arrivent à la conclusion que l'exercice de la mémoire a un effet plus spécifique qu'on ne le pensait autrefois, c'est-à-dire qu'un tel exercice ne profite qu'à des activités strictement semblables à celle qui a été exercée — et encore, dans des proportions que l'on aurait tort de surestimer — mais qu'il n'améliore pas le rendement dans des activités différentes, pourtant rangées elles aussi dans le domaine de « la mémoire » par le langage courant. Il semble bien que l'on n'exerce pas « la » mémoire, mais bien, éventuellement, certains types circonscrits d'activité mnésique. Apprendre par cœur les Fables de La Fontaine ne rend pas plus apte à retenir des raisonnements mathématiques, des lois économiques ou des enchaînements de faits historiques, pas plus que des noms propres ou des numéros de téléphone ! Apprendre par cœur des choses qui nous intéressent ne nous aide pas à mieux retenir celles qui ne nous intéressent pas, et mémoriser ces dernières ne nous entraîne certainement pas à fixer celles qui nous intéressent.

Par contre, il faut immédiatement ajouter que, dans les expériences où les sujets ne se contentent pas de mémoriser librement, à leur guise, mais où ils sont astreints à le faire selon des directives précises, ils réalisent des progrès réels qui retentissent même sur l'acquisition de données d'une autre nature.

On peut, à cet égard, rappeler une expérience de WOODROW, rappelée par WOODWORTH [32], dans laquelle des étudiants sont préalablement soumis à divers tests de mémoire immédiate. Sur la base des résultats généraux obtenus, ils sont alors répartis en trois groupes de même force au point de vue de la mémoire. Pendant les quatre semaines qui suivent, le premier groupe ne se livra à aucun exercice ni entraînement dans ce domaine. Le second, par contre, s'exercera au cours de huit séances représentant une durée totale de trois heures, à mémoriser de la poésie et des syllabes dépourvues de signification. Quant au troisième groupe, il consacrera un temps identique à mémoriser le même matériel selon des méthodes et des principes qui lui sont communiqués au cours de séances d'instruction. Après les quatre semaines, les trois groupes sont soumis aux mêmes tests qu'au départ et on compare leurs progrès respectifs. On constate alors que le second groupe, qui s'est exercé, se trouve comme au début à égalité avec le premier, qui ne s'est pas exercé: l'exercice n'a donc pas entraîné d'amélioration de «la mémoire». Le troisième groupe par contre, qui a reçu une instruction et qui a subi un entraînement dirigé, obtient des résultats nettement supérieurs à ceux des deux autres.

Comme le rappelle WOODWORTH, cette expérience, parmi bien d'autres, confirme l'opinion ancienne de William JAMES, selon laquelle «avoir une bonne mémoire» se ramène surtout à avoir *une bonne méthode de mémorisation*: les sujets qui ont été entraînés à mémoriser suivant certains principes auxquels ils ont été rendus attentifs, font des progrès de mémoire que ne font pas ceux qui s'exercent librement. Or, il faut bien constater que, dans la pratique pédagogique, les éducateurs qui, en général, semblent croire très fermement à la valeur des exercices de mémoire, se soucient apparemment fort peu des méthodes de mémorisation. N'est-ce pas là par excellence un de ces domaines où on laisse à l'enfant le soin de découvrir par lui-même la méthode de travail adéquate... qu'il ne découvre d'ailleurs pas, le plus souvent ?

Mais quels sont les éléments essentiels de cette méthode ? Quels sont les facteurs propres à favoriser une bonne fixation mnésique et à assurer un souvenir résistant ? Certains d'entre eux apparaissent très nettement dans les travaux expérimentaux, et il n'est pas inutile d'en faire état.

Sans nous y arrêter derechef, c'est sans doute le lieu de nous souvenir avant tout du facteur de « bonne disposition », si souvent négligé, dont il a été fait mention plus haut. Chacun se doute bien qu'un esprit fatigué ou distrait mémorisera moins bien qu'un esprit dispos et présent; mais l'organisation scolaire se soucie peu de la fatigue. Chacun sait aussi que si nous ne fixons guère ce qui n'éveille rien en nous, ce que nous n'avons pas de raison de fixer, ce que nous n'avons pas besoin de fixer, nous sommes par contre capables de fixer, et fort aisément parfois, ce qui nous semble mériter d'être retenu. Chacun s'émerveille de la facilité déconcertante avec laquelle l'enfant retient ce qui le frappe ou ce qui suscite son intérêt. Pourquoi donc faire mine d'ignorer que *la bonne fixation commence avec l'intention de fixer*, et donc avec l'intérêt, la curiosité, ou tout au moins la conscience des raisons qui militent en faveur de la fixation et de la rétention de telle ou telle donnée ? Tout comme l'adulte, l'écolier mémorise mieux ce dont il a besoin et ce qu'il sait pouvoir lui être utile.

Cette évidence de bon sens a pu être démontrée expérimentalement en soumettant des élèves à certaines tâches, suivies en un second temps d'autres tâches en rapport avec les premières. Il s'est avéré que les sujets qui avaient été assurés que ce qu'ils apprenaient au cours de l'exécution de la première tâche leur serait utile pour réussir la seconde obtenaient à celle-ci de biens meilleurs résultats que ceux qui n'avaient pas reçu cette assurance (DORSEY et HOPKINS, 1930) [33].

« Savoir que ça servira » est sans doute un bon motif pour apprendre. Encore ne faut-il pas perdre de vue que si ce « savoir » n'est jamais confirmé par les faits, on risque de voir bien vite s'en émousser la vertu !

Mais si la motivation est fondamentale parce qu'elle assure la « volonté » de fixer, il semble qu'il faille en outre stimuler chez l'élève une attitude active et lui apprendre à mémoriser. D'aucuns se contentent par exemple de relire indéfiniment la matière à fixer. L'expérience montre cependant qu'il est plus avantageux d'essayer autant que possible de *reconstituer les données dès après la première lecture* en ne recourant à la lecture que lorsque le souvenir fait défaut.

Dans une recherche célèbre, FORLANO (1936) a montré qu'en faisant passer de 20 à 80 % du temps total de mémorisation, la part de celui-ci consacrée aux tentatives de récitation, aux dépens des « relectures » passives, on augmentait dans des proportions appréciables, de l'ordre de 7 à 28 %, la quantité de matériel fixé et que la rétention de ce matériel s'en trouvait elle aussi améliorée [34].

Dautres recherches ont confirmé ces conclusions

et ont mis en évidence l'utilité très réduite des nombreuses «relectures» passives auxquelles les élèves recourent si volontiers. Il semble nettement plus profitable, pour la constitution du souvenir, d'essayer de répondre à des questions concernant le matériel que l'on vient de lire une première fois, ou d'en esquisser un résumé, que de se livrer à une seconde ou à une troisième lecture, même très attentives. Il est naturel que l'élève ignore qu'en essayant de réciter immédiatement il est plus actif, plus volontaire, plus concentré, qu'il ne se doute pas que cette tentative l'informe sur son rendement en lui faisant apparaître ce qui est acquis et en lui révélant les points où il achoppe et où son souvenir fait défaut, et surtout que cette façon de faire le rend plus attentif à la signification de ce qu'il mémorise. Mais il est permis de trouver moins compréhensible que les maîtres l'ignorent, eux qui ont pour mission d'enseigner à travailler de manière efficace !

La *signification du matériel à fixer* constitue précisément un facteur important de la fixation, auquel on n'est pas toujours assez attentif. Il est en effet extrêmement laborieux de mémoriser des données inintelligibles, et c'est pourtant ce qu'on demande parfois à l'enfant.

EBBINGHAUS, l'initiateur des recherches sur la mémoire, a montré jadis combien la mémorisation d'une strophe de poésie, comportant 80 syllabes, était plus aisée que celle d'une série de 12 syllabes dépourvues de sens, prises au hasard. Non seulement une première fixation nécessitait en moyenne 16,5 répétitions pour les syllabes, contre 7,8 répétitions seulement pour la strophe de poésie, mais quatre jours après cette première fixation il fallait encore 3 répétitions en moyenne pour réapprendre les syllabes, alors que dès le troisième jour la strophe était pratiquement fixée.

Il est évidemment plus facile de mémoriser des éléments qui se rattachent les uns aux autres, qui se laissent grouper en une configuration, qui s'associent entre eux en un ensemble, et c'est précisément par le sens et la signification que l'esprit impose au matériel la meilleure structuration. Plus l'élément à fixer a de sens, mieux il se laisse inclure dans un réseau d'éléments, plus facilement il sera fixé et retenu. Des noms de personnages dont on ne sait rien par ailleurs, des dates isolées, des formules incomprises et dont on ne voit pas à quoi elles se rattachent constituent des éléments peu structurables que l'élève aura grand-peine à retenir. Qu'on les intègre par contre dans un ensemble significatif, que noms ou dates se situent dans un schéma chronologique ou sur une carte géographique, et ils auront plus de chances d'être retenus. On apprend plus facilement ce qu'on comprend, parce que comprendre, c'est précisément intégrer l'élément nouveau à un ensemble déjà existant, c'est l'introduire dans un réseau de relations, dans une structure déjà établie dont les éléments se soutiennent entre eux. Comprendre, ce n'est pas retenir, avons-nous écrit plus haut; mais ce qui est compris est déjà en fort bonne voie d'être retenu.

C'est assurément la fonction de l'intelligence que de faire apparaître le sens des données ou de leur imposer une structure, et c'est bien pourquoi celui qui en est dépourvu «apprend mal», comme on dit familièrement. Mais n'est-ce pas le rôle de l'éducateur de favoriser cette intervention de l'intelligence là où elle ne se fait pas spontanément et de rendre l'élève attentif aux avantages qu'elle comporte? Pourquoi laisserait-on apprendre bêtement et laborieusement celui qui aura tant besoin d'une bonne méthode de mémorisation toute sa vie durant?

Peut-être n'est-il pas sans intérêt de rappeler, à propos de recherches portant sur la mémorisation de syllabes dépourvues de sens, une découverte bien curieuse. Les psychologues recourant volontiers à un matériel de ce genre, dans leurs expériences sur la mémoire, parce qu'ils pensent que ce matériel, n'ayant pas de signification, est en quelque sorte «neutre» et qu'il ne favorise donc pas l'un ou l'autre sujet comme ce serait le cas avec des mots plus ou moins usuels. Or on s'est aperçu qu'on se leurrait: les sujets donnent en fait une signification à ces ensembles de lettres qui n'en ont pas, objectivement, et c'est même le meilleur moyen pour les retenir! Il n'est guère douteux que l'enfant n'en fasse autant lorsqu'il se trouve dans une situation analogue... et qu'il ne fixe ainsi des notions absolument fantaisistes parce qu'on ne s'est pas donné la peine de s'assurer au préalable de la bonne compréhension de ce qu'il était appelé à fixer. On ne résiste pas au plaisir de rappeler ici une remarque, à la fois ironique et profonde de LANGEVELD, qui nous paraît matière à salutaires méditations pédagogiques. Devant ce qui n'a pas de sens pour lui, écrit-il quelque part, l'homme ne dispose que de quatre réactions: s'en détourner, et choisir une activité qui, elle, a un sens; s'endormir; prêter un sens à ce qui n'en a pas; ou sombrer dans la folie! Sans doute vaut-il mieux, en effet, proposer à la mémorisation du futur adulte un matériel parfaitement significatif... et qui ne le soit pas seulement pour nous, mais aussi pour lui !

Reconnaître une signification au matériel à fixer, c'est déjà reconnaître *une forme, une organisation*, c'est aussi, avons-nous dit, pouvoir *le rattacher à autre chose*. Tout ce qui contribue à associer les éléments entre eux, à les associer à d'autres éléments, à leur assurer une structure, une organisation, en favorise la fixation. Cette structure peut être simplement rythmique : c'est par le rythme que le petit retient ses comptines, et parfois ses tables de multiplications. Elle peut être sonore, et on sait combien la rime ou l'alitération facilitent la fixation. C'est le secret de la plupart des moyens mnémotechniques, qu'on aurait tort de ne pas révéler aux élèves, pour autant qu'ils ne masquent pas la signification de ce qu'ils doivent aider à fixer; presque automatiquement, l'enfant qui mémorise et qui récite adopte un rythme de mélopée... c'est d'ailleurs souvent l'indice qu'il n'a rien compris, mais il « retient » ! La structure peut être visuelle : c'est faire allusion au problème capital de la présentation des données à fixer, de la mise en page des manuels scolaires et de leur lisibilité, de l'ordonnance et de la clarté des schémas portés au tableau noir ou des résumés consignés au cahier, au problème enfin de l'art — qu'on peut enseigner — de prendre des notes utilisables et favorisant la fixation mnésique. De façon générale, l'accentuation visuelle paraît encore plus productive que l'accentuation auditive; à cet égard la pratique pédagogique s'est avantageusement inspirée de certains principes de la publicité (qui vise précisément à favoriser la fixation quasi automatique): clarté, netteté, dimensions, contrastes, couleurs, caractères esthétique. Il n'est douteux pour personne qu'un tableau ou un schéma bien imprimés ou bien présentés à la planche se retiennent mieux que des données éparses, confuses ou peu attrayantes, et qu'une page de manuel judicieusement composée favorise la rétention de son contenu.

Il va de soi que plus le matériel à fixer est étendu, plus la mémorisation en sera laborieuse, demandant plus d'efforts et de temps. Mais, en réalité, cette évidence doit être tempérée en fonction de ce qui vient d'être dit à propos de la signification. Lorsqu'il ne s'agit pas d'éléments dépourvus de sens qui, de toute manière, sont à proscrire en éducation, un matériel relativement important permet l'établissement d'associations plus nombreuses et autorise une meilleure organisation interne des éléments qu'un matériel réduit; dans certaines limites, il est plus facile de retenir un chapitre bien structuré qu'un paragraphe isolé qui ne se rattache à rien. Et, en effet, plusieurs expériences ont montré que, à nouveauté et à difficulté égales, *un matériel long se fixe mieux qu'un matériel court*, et surtout se retient mieux à long terme. Mais devant une «longue» leçon à apprendre, quelle que soit sa nature, l'enfant est naturellement porté à subdiviser la totalité et à procéder par petites parties, perdant ainsi le bénéfice de l'effet favorable de la signification de l'ensemble. Aussi cette méthode n'est-elle économique qu'en apparence; elle conduit en outre à des difficultés lorsqu'il s'agit d'articuler entre elles les parties pour rétablir la totalité. Les expériences révèlent que l'apprentissage centré d'emblée sur la totalité permet un meilleur jeu de l'intelligence et de la compréhension, assurant par là une meilleure rétention, particulièrement à long terme. Mais il va de soi que la totalité, que l'ensemble, doit être défini en termes d'organisation et de signification, et non en termes simplement quantitatifs comme le nombre de pages, de paragraphes, de lignes, de vers ou de mots. Là où le matériel ne se laisse pas structurer par le sens, l'apprentissage global perd ses avantages et la méthode partielle l'emporte: il y a alors davantage à subdiviser l'ensemble en sous-totalités aussi significatives que possible. Bref, de manière générale, il semble que la méthode globale soit plus économique, pour autant que le matériel soit bien structurable; elle nécessite moins de répétitions et assure une meilleure rétention. Par contre, elle effraye les élèves qui n'y sont pas entraînés, par son apparence plus difficile et par l'effort qu'elle nécessite; et elle s'avère d'ailleurs moins efficace dans le cas des enfants peu doués. La méthode partielle, de son côté, est sans doute plus conforme aux tendances spontanées de l'enfant, elle nécessite peut-être moins d'efforts, mais elle demande de plus nombreuses répétitions et assure une moins bonne rétention. De surcroît, elle peut laisser subsister des incompréhensions et elle favorise le morcelage de la totalité, au détriment du sens.

Que la matière à mémoriser soit longue ou courte, qu'elle soit difficile ou facile, il semble bien que les élèves soient de façon générale portés à mémoriser de façon intensive, en une séance unique, probablement dans l'idée d'en avoir plus vite fini. L'expérience permet d'affirmer qu'ils n'ont raison de procéder de la sorte que lorsqu'il s'agit d'un matériel facile et peu étendu.

Diverses recherches ont mis en évidence les résultats très différents que l'on obtient selon la manière dont se distribuent les séances de mémorisation ou d'exercice. Ainsi par exemple, dans un cas particulier, rapporté par VALENTINE [35], la moins bonne fixation d'un matériel donné a été obtenue par un groupe de sujets qui s'étaient livrés à 24 répétitions successives, en une séance continue, et la meilleure par un autre groupe qui avait procédé à deux répétitions par jour pendant douze jours. Entre ces extrêmes se situait le groupe qui avait procédé à quatre répétitions par jour pendant six jours. Le nombre de répétitions a donc été le même pour les trois groupes, mais les résultats, en qualité de fixation et de rétention ne sont nullement pareils.

Toutes les recherches révèlent que *la distribution de l'exercice et que l'alternance de séances d'exercices et de phases de repos favorisent la fixation et assurent une meilleure rétention*. Il apparaît de même profitable que les phases d'exercice soient aussi brèves que le permet l'unité significative du matériel et que les intervalles entre ces phases aient une certaine longueur. On a pu constater, dans certaines limites, que les progrès réalisés d'une séance à l'autre augmentaient en fonction de la longueur de l'intervalle qui les sépare. Mais le rythme optimum de cette alternance varie apparemment selon les individus et selon les tâches. En tout état de cause, les chercheurs concluent généralement en faveur de l'apprentissage distribué dans le temps.

Une hypothèse explicative de ce phénomène, particulièrement intéressante au point de vue pédagogique, est celle qui fait appel à la notion de « réminiscence » ou de « consolidation », élaborée par BALLARD dès 1913. Cet auteur, et d'autres après lui, ont constaté qu'un poème, incomplètement fixé à un moment donné, était beaucoup mieux connu deux jours après les exercices de mémorisation, bien que les sujets ne se soient pas exercés pendant l'intervalle. Le fait se vérifia avec des sujets de tous âges, et particulièrement dans des cas de mémorisation spontanée chez des sujets très motivés. Tout semble donc se passer comme si un « travail » interne et inconscient se poursuivait au-delà du moment précis où le sujet met fin à son activité volontaire de mémorisation. C'est cette persévération inconsciente, ou cette « consolidation » qui expliquerait l'effet favorable des intervalles ménagés entre les séances de mémorisation et donc de la distribution de l'exercice: en « laissant reposer » le souvenir en voie d'élaboration on en assurerait la consolidation; une phase de repos succédant à l'effort de mémorisation constituerait donc un facteur important de la fixation.

Ces remarques en appellent d'autres, qui concernent aussi la bonne méthode de mémorisation et tout particulièrement *le problème de l'oubli*. Nous nous plaisons à croire que ce que nous enseignons à l'enfant mérite d'être retenu par lui, mais l'expérience pédagogique nous démontre constamment que bien des données importantes doivent être enseignées à plusieurs reprises parce qu'elles sont plusieurs fois « oubliées ». Chacun s'est vu dans la nécessité de réapprendre, dans la vie professionnelle, des choses qu'il connaissait parfaitement au cours de ses études, au moment de certains examens notamment. De nombreux travaux expérimentaux ont révélé la normalité de cet oubli contre lequel s'insurgent les éducateurs. On constate en général un effondrement très rapide du souvenir, particulièrement manifeste pendant les premières heures ou les premiers jours qui suivent la mémorisation, une perte massive du souvenir, qui s'amortit graduellement par la suite. Certains auteurs ont mis en évidence une «perte» atteignant 50 % du matériel fixé, dix jours après la mémorisation, tout au moins en évaluant la rétention par la méthode d'évocation ou de rappel. Avec d'autres méthodes, plus éloignées de l'utilisation scolaire de la mémoire, les résultats sont moins désastreux: même les sujets incapables de rien évoquer, qui «ne se rappellent rien», se révèlent capables de reconnaître les éléments qu'ils avaient fixés, quand on les leur présente à nouveau, mêlés à d'autres (méthodes de récognition) et surtout, ils sont capables de les réapprendre avec une grande facilité (méthode de l'économie de réapprentissage): c'est bien la preuve qu'il «en restait quelque chose». Mais quoi qu'il en soit, l'oubli guette nos acquisitions, et la mémoire réserve toujours quelques déceptions au maître aussi bien qu'à l'élève: «j'avais pourtant bien appris ma matière» répond celui-ci aux remontrances du premier, qui n'hésite pas à mettre cette affirmation en doute!

L'idée la plus répandue dans le public, c'est que le temps est le principal responsable de l'oubli; c'est le temps qui «efface» le souvenir. Il est pourtant élémentaire de remarquer qu'entre la leçon apprise et la leçon non sue, le laps de temps écoulé est en général fort court. Et les expériences auxquelles on vient de faire allusion montrent que c'est très rapidement après la fixation que se perd l'essentiel de ce qui a été appris, ne laissant à la mémoire que des reliquats qui se maintiennent à peu près constants par la suite. L'explication de l'oubli par le facteur temps se révèle donc peu satisfaisante, ou en tout cas insuffisante, et les psychologues ont été conduits à lui en substituer une autre, de la plus grande importance pédagogique. Elle fait appel à la notion *d'interférence* et n'est pas sans rapport avec la consolidation dont il a été question plus haut.

Appliquons une épreuve de rappel ou d'évocation 30 minutes après la fixation d'un matériel donné. Nous constaterons que l'évocation sera bien meilleure, bien plus complète, si nos sujets sont restés inactifs pendant ces 30 minutes que s'ils ont consacré ce temps à la mémorisation d'un autre matériel ou à quelque travail mental ardu. C'est ce qu'avaient remarqué MULLER et PILZECKER en 1900: le rappel après repos s'élevait à 56 % du matériel fixé, alors qu'après une activité mentale, il n'était que de 26 %.

En 1925, JENKINS et DALLENBACH ont repris la question en une recherche demeurée célèbre, mais dont les pédagogues ne semblent pas avoir tiré grand profit. Faisant apprendre par cœur à leurs sujets des listes de syllabes, ils les invitaient à les réciter après des intervalles de diverses durées et comparaient le rendement des sujets qui avaient consacré ces divers intervalles au sommeil à celui des sujets qui étaient restés éveillés. Les résultats, particulièrement parlants, peuvent être résumés ainsi:

Temps écoulé entre la fixation et le rappel	Pourcentage du matériel fixé évoqué par les sujets ayant:	
	veillé	dormi
	%	%
1 h	46	70
2 h	31	54
4 h	22	55
8 h	9	56

Il est donc bien évident que ce n'est pas le facteur temps qui est en cause, ou en tout cas qu'il ne l'est pas seul ni principalement: pour des intervalles de 2 à 8 heures de sommeil, l'oubli n'augmente pas, alors qu'il augmente considérablement si ces mêmes intervalles s'écoulent à l'état de veille[36].

Que le sommeil favorise la poursuite du «travail» inconscient de consolidation dont on a déjà fait état, qu'il retarde le début de la phase d'oubli rapide signalé par les chercheurs ou qu'il la supprime, on n'en sait trop rien, comme le remarque WOODWORTH, mais ce qui paraît certain, c'est que l'absence d'activité mentale importante entre la fixation et le rappel favorise grandement la conservation de ce qui a été mémorisé. Il paraît bien établi aujourd'hui que ce que l'on appelle l'oubli est dû surtout à l'interférence entre des activités mentales successives qui se nuisent les unes aux autres, soit que celle qui succède à une autre en «empêche» la fixation ou l'évocation ultérieure (on parle alors d'«inhibition rétroactive»), soit que celle qui précède l'autre «empêche» par sa propre persévération la constitution du souvenir de la suivante («inhibition proactive»).

Sans aller jusqu'à prôner la transformation de nos classes en dortoirs ni jusqu'à suggérer que les programmes scolaires prévoient autant de repos que d'activité, il est permis de penser que l'on devrait être plus attentif à ce phénomène d'interférence. On peut en effet entrevoir le gaspillage psychologique effrayant qu'occasionne, sans aucun doute, la succession quasi ininterrompue d'apprentissages nouveaux, d'activités mentales de toutes sortes et de mémorisations diverses au cours d'une même journée d'école ou d'une même soirée de travaux à domicile. Il paraît hors de doute qu'une partie considérable des efforts consacrés par l'élève attentif à son travail l'est en pure perte, en raison des interférences existant inévitablement entre ses diverses activités.

Mais ce n'est pas tout. Les recherches expérimentales mettent encore en évidence d'autres faits dont il faudrait tenir compte en vue d'une mémorisation économique et fructueuse. L'interférence s'avère évidemment d'autant plus importante entre deux activités que celles-ci sont plus rapprochées l'une de l'autre dans le temps. Elle l'est également d'autant plus que les deux activités se ressemblent davantage par leur nature ou par le genre de matériel sur lequel elles portent. Si l'on manque malheureusement de données concernant l'intervalle optimum à ménager entre deux activités, sa durée étant probablement fort variable, on en possède davantage en ce qui concerne la ressemblance entre les activités.

On sait, par exemple, qu'une liste de mots étrangers à fixer a d'autant plus de chances d'être bien retenue que l'activité suivante ou précédente ne consiste pas à apprendre également une liste de mots, fussent-ils d'une autre langue, et que deux séries d'éléments qu'il importe de ne pas confondre entre eux gagneront beaucoup à ne pas être présentées simultanément ou dans une succession immédiate.

C'est ce que révèle par exemple fort bien une belle expérience due à MAC GEOCH et MAC DONALD (1931)[37]. Ces auteurs font apprendre à leurs sujets une liste d'adjectifs (activité A) et en vérifient le souvenir après qu'un autre apprentissage ait eu lieu (activité B). Les résultats se résument comme suit, et montrent bien que l'interférence est d'autant plus considérable que les deux activités se ressemblent davantage par leur nature et leur contenu :

Nature de l'activité B	% du matériel A évoqué après l'activité B	Nombre moyen de lectures de A nécessaires pour réapprentissage à 100 % après B
	%	
Repos	45	5,17
Fixer une liste de nombres	37	5,08
Fixer une liste de syllabes	26	7,17
Fixer une liste d'adjectifs quelconques (autres que A)	22	6,67
Fixer une liste d'adjectifs antonymes de A	18	7,00
Fixer une liste d'adjectifs synonymes de A	12	9,80

Sans doute sont-ce là des choses que l'on « sent », que chacun découvre intuitivement, et il n'est pas besoin de recherches expérimentales pour s'en rendre compte; il n'en résulte pas nécessairement que l'enfant les sache ni qu'il en tienne compte. D'ailleurs, dans la pratique, on ne s'en soucie guère, et tout parent quelque peu attentif a pu observer son enfant, astreint à fixer successivement du vocabulaire latin, anglais et néerlandais, le même soir, ou invité à mémoriser de longues séries d'antonymes ou de synonymes à différencier, bien qu'ils soient présentés simultanément, ou encore tenu de retenir, successivement un ensemble de règles grammaticales et un ensemble de règles d'arithmétique...

Mais plus encore que la similitude des tâches, l'intensité de l'effort mental nécessité par une activité faisant suite à une mémorisation semble de nature à en perturber la fixation. On a pu constater qu'entre une lecture facile ou la résolution de problèmes difficiles, faisant suite à une mémorisation, c'est cette seconde activité qui provoque la plus grande « perte » de souvenir comme si, encore une fois, cette activité intense « empêchait » la consolidation des données antérieurement mémorisées.

Enfin, l'interférence entre deux activités successives paraît aussi proportionnelle à la « fragilité » de chacune d'entre elles. Elle est d'autant plus marquée que les données à fixer ont moins de signification pour le sujet, qu'elles sont, de part et d'autre, plus nouvelles, moins familières, ou que les données ont été, de part et d'autre, moins bien fixées ou mémorisées de façon plus superficielle ou plus lacunaire.

Autrement dit, on ne devrait jamais passer à du neuf avant que l'ancien ne soit parfaitement fixé, et on ne devrait jamais se contenter d'une fixation approximative et provisoire, de peur de provoquer des interférences avec ce qui précède ou ce qui suit. On peut redouter que la surcharge des programmes et les rigueurs de l'horaire, tout comme la surpopulation des classes, n'empêche radicalement de tenir compte de tels principes, pourtant élémentaires et bien connus.

Des phénomènes d'interférence peuvent évidemment se produire au sein d'un même apprentissage, soit que l'on adopte la méthode globale, prônée plus haut, soit que l'on adopte la méthode d'apprentissage subdivisé. Dans ce second cas, il peut y avoir détérioration réciproque du souvenir des parties, et donc difficulté à maîtriser le tout, comme on l'a dit. Dans le premier cas, il n'est pas rare de voir aussi des interférences dans le cadre de la totalité, quand celle-ci est trop considérable, ce qui se manifeste souvent par le phénomène bien connu d'une moins bonne rétention de la partie médiane de l'ensemble. L'interférence perturbe la fixation de bien des textes trop longs, et condamne les énumérations interminables de mots, de noms ou de dates, surtout lorsque leur nature ou leur présentation en rend impossible la structuration interne.

Eviter les conditions qui risquent de provoquer les interférences constitue sans nul doute l'une des meilleures mesures pour assurer une bonne fixation et pour réduire les chances d'oubli. On sait bien, pourtant, que ce n'est pas toujours possible et que, dans la réalité, le jeu des interférences reste probablement considérable, même en y étant attentif. Aussi peut-on proposer d'autres mesures encore.

L'une des plus intéressantes, et la plus éloignée sans doute du mouvement naturel des enfants est celle que l'on pourrait intituler le «*surapprentissage*».

En général, les écoliers se contentent de mémoriser jusqu'à être capables de reproduire correctement le matériel proposé et, nous l'avons dit, on constate dans les expériences un oubli rapide, de l'ordre de 50 % environ du matériel fixé. KRUEGER, en 1929[38], a constaté qu'en poursuivant l'exercice de mémorisation au-delà du niveau assurant une répétition correcte, on obtenait une rétention bien meilleure, tant dans l'immédiat qu'à long terme. Une telle mesure vient en quelque sorte renforcer la consolidation naturelle. Ainsi, par exemple, en prolongeant de 50 % le travail de mémorisation, à partir du moment où une récitation correcte est atteinte, le souvenir après un intervalle de 7 jours s'avère six fois supérieur à celui qu'assure l'apprentissage ordinaire. Un « surapprentissage » de 50 % s'avère donc être une mesure très économique, surtout pour le souvenir à long terme. On se doute bien, toutefois, qu'il y a des limites au-delà desquelles l'amélioration de la rétention n'est plus en rapport avec le surcroît d'exercice, et dès lors celui-ci ne constitue plus une économie.

Si même nous ignorons dans quelle mesure des constatations de ce genre peuvent être généralisées, on peut augurer qu'il y a avantage à engager les élèves à poursuivre quelque peu les exercices de mémorisation au-delà du moment où ils arrivent à une première répétition correcte de la matière.

Une autre mesure encore pourrait s'intituler «*la révision pendant qu'il en est temps*» et consiste à revoir à quelques reprises la matière à retenir, *avant* que la phase initiale d'oubli massif n'ait fait son œuvre. Il est évidemment plus économique de réapprendre une fois ou deux ce qui n'est qu'à peine en voie d'être oublié que de s'astreindre plus tardivement au réapprentissage beaucoup plus considérable que demande un matériel dont le souvenir s'est plus qu'à moitié effacé. Sans doute, la valeur des rappels et des révisions n'est-elle perdue de vue ni des maîtres, ni des élèves consciencieux; encore faut-il qu'ils sachent que c'est relativement peu de temps après la fixation première que ces révisions ont le plus d'utilité et qu'elles favorisent le mieux la rétention et non beaucoup plus tard. C'est quand le souvenir d'une leçon est encore frais qu'on le fixe le mieux, et non après plusieurs jours: la recette est bien connue des bons élèves et elle est sans doute une des causes de leurs succès.

Mais, comme le souligne VALENTINE, apprendre une matière qui ne sera jamais rappelée, ni par des révisions, ni surtout par son utilisation réelle, constitue une besogne stérile. Car outre les interférences qui en perturberont le souvenir, le non-usage des notions ainsi fixées intervient aussi dans leur oubli, ceci étant d'ailleurs beaucoup plus vrai des souvenirs proprement dits que des habitudes motrices. Ce qui ne sert pas, ce qui n'est pas réactivé par l'usage, tend à être éliminé graduellement et doit alors, le cas échéant, être vraiment réappris plus tard avec, il est vrai, plus de facilité que la première fois.

Il est enfin un facteur de ce qu'on appelle familièrement l'oubli qui doit encore être signalé, car l'individu qui apprend n'est pas seulement une mémoire: c'est *le facteur émotionnel et affectif*. Or, celui-ci peut aussi bien favoriser la rétention qu'empêcher l'évocation. Chacun sait que les épisodes fortement teintés d'émotion donnent lieu en général à un souvenir vivace et persistant, et la sagesse populaire, tout comme les expériences de mémorisation, soulignent que c'est surtout le cas pour les faits ou les éléments à tonalité agréable, éveillant des associations plaisantes. L'agrément trouvé à une leçon favorise le souvenir de son contenu, tous les bons pédagogues le savent bien. Par contre, si des situations pénibles ou désagréables peuvent aussi se fixer dans le souvenir, du fait de leur accentuation affective, il faut se rappeler qu'elles ont surtout des chances d'être refoulées, éliminées de la conscience, tout particulièrement lorsqu'elles ont un caractère menaçant, infériorisant ou angoissant pour l'individu. Nous en avons suffisamment fait état dans le chapitre consacré à la motivation pour ne pas y revenir ici. Mais, à propos de la mémoire, il est bon de savoir que tout matériel ou tout contenu associé à un épisode de cette nature risque fort d'être refoulé, et par conséquent, irrévocable au moment voulu: c'est le cercle vicieux dans lequel s'agitent bien des mauvais élèves et dont ils ne savent comment sortir, d'autant moins que personne ne les y aide!

Enfin, comme nous l'avons dit à propos de l'effet d'audience et du trac, la perturbation affective, l'état émotionnel sont de nature à bloquer les possibilités d'évocation du sujet. Vivement ému, il est incapable de se souvenir de choses qu'il connaît fort bien et qu'il a apprises avec zèle et attention; c'est ce que savent bien tous les examinateurs, mais dont ils ne tiennent pas toujours compte, trouvant même parfois un plaisir, qu'il est difficile de ne pas qualifier de sadique, à augmenter par leur attitude l'émotion et l'angoisse du récipiendaire.

L'oubli, l'extinction du souvenir ou l'impossibilité de l'évoquer ne sont pas les seuls aspects de la détérioration de ce qui a été fixé. On est généralement moins attentifs aux *déformations* que subit le souvenir, déformations qui sont également de nature à perturber les apprentissages mnésiques.

Contrairement à ce qui est généralement admis, il est parfaitement établi qu'un souvenir « objectivement exact » est beaucoup plus rare qu'on ne le pense. On peut même dire qu'un pareil souvenir ne constitue pas la règle, mais l'exception. Par diverses méthodes, le psychologue anglais BARTLETT[39] a pu montrer combien le souvenir d'un exposé se transforme graduellement et combien il tend à se modifier dans le sens de la compréhension qu'en a le sujet ou de l'interprétation qu'il s'en donne. Un important facteur de projection interfère dans la constitution du souvenir, altérant celui-ci dans le sens des désirs ou des craintes du sujet ou dans le sens de ses préoccupations profondes. L'ensemble à fixer tend à se simplifier, à s'homogénéiser dans le sens de la logique élémentaire ou de la cohérence, selon la perspective du sujet. Des détails paraissant secondaires, superflus ou aberrants sont éliminés, d'autres, plus frappants, sont indûment accentués. On pourrait dire, en un mot, que le sujet recrée, en quelque sorte, un souvenir qui peut très bien s'éloigner, très fondamentalement, des données initiales qui lui ont été fournies. Et ceci s'est avéré aussi vrai en ce qui concerne des données visuelles, telles que figures ou schémas, qu'en ce qui concerne des textes ou des récits.

On ne saurait donc être assez attentif *à la présentation des données* à mémoriser. Non seulement un souvenir inexact n'est souvent que le résidu d'une appréhension erronée du matériel, parfois mal présenté, toujours saisi par le sujet selon une perspective personnelle; mais de surcroît, le souvenir se modifiant au cours du temps, son altération est dans une certaine mesure inévitable. Ce qui ne fait que souligner une fois de plus la nécessité de révisions et de contrôles fréquents.

Tout ce que l'on vient de rappeler, et qui constitue en quelque sorte le matériau de base pour une méthodologie de la mémoire, appelle évidemment des réserves que les pédagogues seront, à bon droit, les premiers à formuler. Dans quelle mesure peut-on passer, sans plus, des résultats d'expériences scientifiques, de caractère plus ou moins artificiel et gratuit, à la pratique éducationnelle qui fait appel à la mémoire dans un cadre généralement beaucoup plus significatif, engageant davantage les sujets, dans un cadre aussi plus varié et plus chargé, où les facteurs affectifs et motivationnels jouent un rôle beaucoup plus considérable ? La question se pose en effet, et il est bien malaisé d'y répondre. Mais ce n'est pas une raison, croyons-nous, pour ignorer ces données, dont plusieurs ont été fréquemment confirmées et contrôlées, et pour ne pas tenter d'en tirer profit dans la pratique pédagogique, de manière à favoriser une utilisation plus raisonnée, plus économique et surtout plus productive des capacités mnésiques des enfants.

Chapitre sixième
La personne

L'image de l'adulte que nous avons cru pouvoir inscrire dans notre but éducationnel implique pour l'individu l'acquisition de connaissances, de savoirs, de méthodes de travail, ainsi que la mise en place d'un certain cadre de référence général. On imagine fort mal, dans le monde de demain, un individu ignorant, analphabète, incapable de rien comprendre à ce qui se passe autour de lui ou de participer à la vie de son groupe: ce ne serait précisément pas un adulte. Mais l'individu qui serait privé d'organes de direction, de régulation et de contrôle du comportement ne le serait pas davantage: notre image de l'adulte fait nécessairement une place capitale aux *aspects affectifs, sociaux et éthiques de la personnalité.* Peut-être peut-on même ajouter que mieux que jamais, nous entrevoyons ce que vaut « science... sans conscience ». Mais si l'on répète à l'envi que, dans la vie, le caractère est plus important que l'information et que les connaissances, pourquoi accorde-t-on de manière générale, dans le processus éducatif, tellement plus d'importance à ces dernières ? Ne doit-on pas reconnaître que l'éducation de la personnalité, ou du caractère, comme on dit, se fonde bien rarement sur un plan d'ensemble concerté, comparable à celui par lequel l'école, par exemple, tente d'assurer à l'individu les informations et les techniques intellectuelles qui paraissent indispensables à l'adulte civilisé ? Sans doute, la famille et l'école dispensent-elles à l'enfant des leçons portant sur la manière de se comporter et de vivre; bien sûr lui offrent-elles de nombreux ingrédients pour l'élaboration graduelle d'un système de valeurs; assurément elles sont le lieu de nombreuses expériences moralement formatives. Et l'enfant ne grandit pas sans rencontrer les éléments de cadres de référence moraux, philosophiques ou religieux, tant s'en faut. On n'en a pas moins l'impression, quand on approche les jeunes et quand on observe les familles, *que la formation de la personnalité et de ses instances directrices résulte surtout d'expériences sporadiques et fragmentaires et de rencontres fortuites.*

Comment s'élaborent les instances directrices de la personnalité, comment s'éduquent-elles ? On admet que les fondements de la personnalité sont en partie innés, en partie acquis au cours du plus jeune âge. On admet que les éléments innés prennent forme et se manifestent en fonction des expériences vécues par le petit enfant dans le cadre familial et sous l'influence de son entourage immédiat. On a souligné depuis longtemps *l'importance déterminante des premières années,* au cours desquelles se constituent les attitudes fondamentales de l'individu, ses positions de base, pourrait-on dire : sa façon de se considérer soi-même, de considérer les autres, sa façon d'envisager la vie; et ces positions de base, très peu raisonnées, mais intensément senties et vécues, auront une valeur structurante sur toute la suite du développement. En regard de cet état de choses, il s'en faut généralement de beaucoup que les parents soient convenablement informés des exigences d'une première éducation de la personnalité, et nous nous garderons bien de leur jeter la pierre ! De surcroît, l'adulte est pressé; il est enfermé dans un présent aux tâches multiples, harcelantes et harassantes. Aussi est-il peu porté à prendre du recul, à voir les grands plans de la perspective éducationnelle; il perd de vue ce point capital que les modifications comportementales qu'il cherche à obtenir chez l'enfant, dans l'immédiat et le momentané, auront nécessairement des prolongements à longue échéance et des conséquences lointaines. Trop souvent, au niveau de l'éducation familiale, on œuvre par petits bouts, sans se soucier d'un plan d'ensemble, quel qu'il soit, et l'on risque ainsi d'hypothéquer l'avenir de l'enfant. C'est particulièrement vrai, croyons-nous, en matière d'éducation morale.

Lorsque l'enfant arrive à l'école, l'essentiel est déjà fait. Non pas que le maître ou la vie scolaire n'exercent une influence féconde et bénéfique, mais les véritables fondements sont déjà en place, et ils continuent d'ailleurs à être renforcés par le milieu familial. A supposer même que les enseignants soient, eux, parfaitement informés de la question qui nous occupe et qu'ils ne commettent pas trop d'erreurs en matière de formation morale, il reste qu'ils n'ont pas les mains libres à l'égard des instances familiales qui, après tout, leur confient l'enfant et leur délèguent leur mission éducative. Ils n'ont pas davantage les mains libres à l'égard de l'institution scolaire elle-même, de ses traditions et des servitudes d'ordres divers qui sont les siennes. De surcroît, dans notre pays tout au moins, ce qui concerne plus directement l'éducation des instances de contrôle de la personnalité, à savoir la morale, à base religieuse ou laïque, a été étrangement déguisée, si l'on ose dire, en branche d'enseignement. Si même un tel enseignement n'est pas inutile, et on se plaît à le croire, il peut paraître regrettable que ce qui devrait constituer la trame même de la vie journalière ait été transformé en matière à leçons et à points, ce qui ne peut qu'en fausser le caractère aux yeux des enfants. En effet, la morale ou le civisme se vivent, au gré des événements et des circonstances, tout autrement que ne se vivent la géographie ou la physique.

La plupart des adultes ont en ces matières, quand il s'agit de l'enfant, une position des plus simplistes. Elle se résume généralement au mot « discipline », compris d'ailleurs dans le sens très limité de *soumission de l'enfant aux décrets de l'éducateur*. L'importance que revêt à leurs yeux cet objectif primordial les porte à recourir à des moyens expéditifs, de nature généralement répressive, qui ne tiennent aucun compte de la réalité psychologique ni des finalités pédagogiques véritables. Si même ces moyens sont efficaces à court terme, leur efficacité à long terme n'est nullement garantie... « Il faut quand même bien qu'ils obéissent » disent les adultes. Oui sans doute; mais il est encore bien plus important que les enfants «grandissent»! *Et la discipline est souvent conçue de manière telle qu'elle favorise l'infantilisme.*

La tendance de l'adulte à vouloir obtenir la conformité et la soumission de l'enfant à sa volonté, en recourant à des manifestations d'autorité qui ne tiennent que rarement compte de l'avenir, sa curieuse propension à faire des discours dès qu'il s'agit de conduite, de valeurs ou de morale, la médiocrité morale enfin de la société dans laquelle grandit l'enfant, constituent sans doute les principaux obstacles à une véritable éducation éthique. Peut-être ces facteurs sont-ils même de nature à promouvoir chez les jeunes une certaine irresponsabilité, une certaine duplicité, une certaine inconscience morale, qui se situent aux antipodes de ce qu'on pourrait désirer eu égard au but éducationnel.

Tous les enfants savent bien qu'il ne faut pas mentir, le leur a-t-on assez répété! Mais ils voient mentir l'adulte, et il leur arrive de mentir, tout comme lui, lorsque la conjoncture les y pousse; ils mentiront même d'autant plus qu'on est plus sévère à leur égard et qu'ils redoutent par conséquent davantage les réactions de l'adulte... On «fait la leçon» à l'enfant, on lui recommande tel type de comportement, on l'exhorte à faire preuve de telle vertu... et l'on croit naïvement que cela suffira pour qu'il se conforme tout naturellement à ce qui lui a si bien été exposé. Mais ce que nous avons dit à propos des notions intellectuelles peut s'appliquer aux notions relatives à la morale et aux valeurs. Tout ce qu'on a dit des motivations, de la bonne disposition, s'applique aussi à ces apprentissages-ci. Toutes les leçons, tous les enseignements concernant la direction de la conduite n'ont de signification pour l'enfant que si elles se fondent sur du vécu, si elles *se rattachent à des situations qui le concernent directement*. Et comme il s'agit essentiellement ici de rapports et d'interactions avec autrui, de prises de positions personnelles par rapport à autrui, il apparaît que l'enfant ne peut être concerné par des faits et des situations de cet ordre que s'il est impliqué dans une communauté, s'il participe pleinement à la vie d'un groupe humain dans lequel il s'intègre.

On constate en effet que ce n'est bien souvent que dans le cadre d'expériences vécues parmi ses pairs, en intense interaction avec eux, dans la bande de camarades ou dans le groupe de jeunes, que l'enfant ou l'adolescent découvre et assimile réellement certaines notions morales fondamentales, ce qui est tout autre chose que d'être à même de les répéter verbalement. La famille et l'école devraient être attentives à ce fait et devraient à certains égards s'inspirer, si l'on ose dire, de ces groupes juvéniles. Si, en matière de formation morale, on désire obtenir autre chose qu'un verbalisme creux et plus ou moins hypocrite, il conviendrait que, chacune de son côté et chacune à sa manière, *la famille, tout comme la classe, constituent des communautés à la vie desquelles l'enfant participe*, non tant en écoutant des leçons ou des préceptes qu'en étant étroitement impliqué dans des situations vécues, qui le concernent personnellement et réellement. A ce propos nous vient inévitablement à l'esprit l'expression, si fréquente sous la plume des auteurs anglo-saxons, de famille démocratique et de classe démocratique. L'expérience nous permet d'affirmer que si la première est fort rare, les écoliers seraient, de façon générale, plus enthousiastes à propos de leurs expériences scolaires si la seconde l'était moins.

Comment peut-on tenter de caractériser de tels groupes « démocratiques », dont certaines familles, certaines classes d'école et certains groupes de loisirs nous offrent effectivement l'image, nous garantissant ainsi qu'il ne s'agit pas simplement de vues utopiques? Les deux traits fondamentaux en sont d'une part, *la participation active de chacun* à la délimitation, la préparation, la réalisation des diverses activités et entreprises du groupe et aux satisfactions qui en résultent et, d'autre part, *la considération témoignée par l'éducateur à la personne du jeune* qui n'est envisagé ni comme un « sujet » de la toute-puissance adulte, ni comme un figurant nécessaire à l'exercice de cette puissance, mais bien comme un partenaire de l'adulte. L'éducateur, en effet, y renonce à sa prééminence traditionnelle, il modère son despotisme — fût-il éclairé — et, au lieu d'imposer ses objectifs à lui et ses vues propres, au lieu de tout régler au mieux lui-même, il s'efforce au contraire d'encourager les initiatives et l'activité spontanée de chacun, et de promouvoir les discussions et les échanges de vues qui conduisent aux résolutions prises en commun et exécutées dans la coopération générale. Chaque participant y étant associé à la détermination des objectifs communs est aussi engagé dans leur réalisation; il a par conséquent à répondre de sa participation, si modeste soit-elle, aux tâches dont il s'est chargé ou dont il a été chargé par ses partenaires : le succès de tous en dépend. La fréquence et la nécessité fonctionnelle des échanges d'idées entre participants apprennent à ceux-ci à tenir compte du point de vue des autres ainsi que des résistances de la réalité aux projets de chacun. Jouissant de considération et de droits, l'enfant devient attentif aux droits de ses partenaires ; prenant des initiatives et endossant des responsabilités, il apprend à respecter les entreprises et les efforts de ses camarades. N'étant ni arbitrairement contraint, ni forcé, ni menacé de dévalorisation par une autorité extérieure et redoutable, nécessairement supérieure à lui, l'individu a moins besoin de se défendre, de se chercher des alibis : il peut envisager les situations et ses propres agissements avec plus d'objectivité et se soucier davantage du bien commun. Et là où, inévitablement, il se trouve parfois en opposition avec ses pairs et où il entre en conflit avec eux, ce conflit n'est pas faussé d'avance par la nécessité de se soumettre à la toute-puissance adulte : l'enfant peut se défendre, faire valoir ses droits ou ses opinions. Les remontrances de ses pairs, si volontiers excessives dans le régime habituel, sont d'autant plus efficaces ici qu'elles émanent de partenaires engagés dans une même entreprise que l'enfant aura d'ailleurs l'occasion de critiquer à son tour, le moment venu.

L'encouragement constant à l'activité, à l'autonomie, à la participation responsable répond aux motivations fondamentales de l'enfant au lieu que la passivité et la non-implication dans des activités imposées du dehors les frustrent, ce que prouvent bien les réactions de « chahut » dans le cadre traditionnel. Le climat de spontanéité et de « permissivité » renforce à la fois la confiance en soi et le sentiment de responsabilité personnelle à l'égard de la collectivité. Bref, au caporalisme familial ou scolaire, centré sur le conformisme, la crainte de mal faire et la peur d'indisposer le pouvoir, se substitue une atmosphère de franchise, de considération réciproque et de solidarité, favorable à de continuelles expériences formatrices, à l'éclosion de sentiments et à l'élaboration d'attitudes qui se situent bien dans la ligne de notre but éducationnel.

L'expérience montre à foison que dès qu'il y a groupe actif, dès qu'il y a communauté d'objectifs et de réalisation, dès qu'il y a, par là même, interaction, collaboration et engagements réciproques entre partenaires se trouvant sur un même pied il y a aussi, inévitablement, découverte, prise de conscience, mise en discussion et application de principes moraux et civiques. L'enfant en retire plus que d'un quelconque enseignement au sens usuel du terme, et d'autant plus qu'il est lui-même plus engagé et plus impliqué dans le fonctionnement du groupe. De telles découvertes se font beaucoup moins aisément dans le climat habituel de passivité, voire de réticence à l'égard de l'éducateur, là où celui-ci, fort de son autorité intangible, impose ses objectifs à lui, sans trop se soucier des motivations de l'enfant.

Parents et éducateurs devraient connaître les remarquables expériences de LEWIN, de LIPPITT et de leurs collaborateurs concernant les effets du « climat » régnant dans des groupes de jeunes selon la manière dont ils sont dirigés. En 1939, LEWIN, LIPPITT et WHITE [40] ont réparti pendant plusieurs semaines des garçons de dix ans en petits groupes de 5 sujets dirigés selon des lignes divergentes de manière démocratique, de manière autoritaire et de manière relâchée, les tâches à accomplir restant les mêmes pour les trois groupes. Parmi d'autres conclusions intéressantes, il s'est avéré que le rendement du groupe démocratique était meilleur que celui des deux autres, et surtout que les relations entre membres de ce groupe étaient beaucoup meilleures. Le groupe autoritaire s'est en effet surtout caractérisé par les tensions et les tendances agressives qui se développaient parmi ses membres, en réponse sans doute, aux frustrations qu'ils subissaient inévitablement du fait de la rigidité de la direction. Loin de coopérer harmonieusement, on a vu les sujets faire preuve d'animosité les uns envers les autres tout en étant remarquablement apathiques à l'égard de la tâche imposée, alors que les membres du groupe démocratique collaboraient avec ardeur. Le «laisser-faire» du troisième groupe semble avoir engendré surtout le désordre et les rivalités individuelles. Point capital et digne d'être relevé: l'attitude des enfants se modifiait lorsqu'on les changeait de groupe et s'améliorait sensiblement dans le groupe démocratique, mais le passage de la méthode autoritaire à la méthode démocratique commençait généralement par poser des difficultés d'adaptation aux sujets!

Travaillant par la suite avec de petits groupes mixtes de cinquième et de sixième année scolaire, LIPPITT parvint en 1940 [41] à des conclusions analogues. Les groupes menés de manière autoritaire se caractérisaient par la soumission des enfants au meneur, s'accompagnant de comportements égoïstes et peu amicaux des sujets entre eux, avec apparition de souffre-douleurs et de boucs émissaires au sein du groupe et prédominance de l'émulation agressive sur la coopération. La direction démocratique, par contre, eut pour effet la cohésion et la coopération des sujets au sein d'un groupe harmonieux, avec production d'un travail plus intense et plus efficace.

De telles expériences témoignent sans doute de la valeur supérieure du climat démocratique au sein du groupe, tant au point de vue du rendement qu'à celui de l'apparition d'attitudes sociales favorables parmi les enfants. Mais elles ne conduisent jamais à minimiser *le rôle de l'éducateur*. Bien au contraire, c'est celui-ci qui détermine l'atmosphère régnant dans le groupe, et son rôle est capital. « Associer les enfants au pouvoir, ou exercer celui-ci en acceptant qu'ils en saisissent et qu'ils en discutent les décrets », ainsi que nous l'avons écrit ailleurs, n'implique en aucune mesure la démission de l'adulte: celui-ci reste naturellement l'informateur et le guide du groupe; s'il en est l'animateur, peut-être en est-il plus souvent encore le modérateur, car l'égocentrisme et le besoin d'affirmation de chacun des membres menacent le bon fonctionnement de la collectivité, dont l'harmonie n'est pas toujours facile à sauvegarder, du seul fait qu'il « s'y passe quelque chose ». Le problème, pour l'éducateur, ce n'est pas de s'effacer — tentation à laquelle certains n'échappent pas et dont les effets sont aussi désastreux que ceux de l'autoritarisme; son problème, c'est de rester adulte tout en faisant partie du groupe, et de faire partie du groupe sans en stériliser les initiatives et sans étouffer la spontanéité de ses membres par le prestige de son autorité.

Rester adulte, ne pas jouer au « copain », au clown ou au démagogue est en effet capital: il ne faut pas perdre de vue que l'enfant, pour « savoir où aller », a besoin d'être confronté avec l'image que l'adulte lui fournit du but de son développement. Cette confrontation lui assure à tout moment d'utiles informations concernant sa propre position par rapport à ce but; elle stimule les efforts à consentir pour s'en rapprocher. Nous dirions volontiers que l'éducateur, parmi les enfants, est avant tout *un représentant de l'état adulte*, un prototype de l'adulte, un modèle et, en cela, il est indispensable et irremplaçable. Qu'il le veuille ou non, il est d'ailleurs de toute façon objet d'identification pour les enfants, et c'est bien ce qui rend sa position si délicate. Il est là pour « donner envie d'être adulte », et de l'être selon un certain style.

Parents, maîtres ou animateurs de groupes, l'enfant et le jeune nous imitent et s'inspirent de nos attitudes bien plus que nous le pensons. Comme l'enfant adopte nos intonations, nos tics et nos gestes, il adopte les idées dont nous faisons état et nos façons de réagir. Aussi est-ce en vivant devant lui et avec lui que nous contribuons à former les instances directrices de sa personnalité, bien plus qu'en lui faisant des discours. La considération pour autrui, le souci du bien commun, les limites de la liberté individuelle, le respect des engagements, la conscience de ses devoirs et de ses droits, les valeurs auxquelles il vaut la peine de se référer et de sacrifier, la joie de vivre et la bonne humeur, c'est par l'exemple qu'il en donne que l'éducateur les enseigne à l'enfant, et ce n'est qu'en partageant la vie de l'enfant et en lui laissant partager la sienne qu'il peut lui donner cet exemple. Ce n'est d'ailleurs qu'à ce prix que l'enfant apprendra aussi ce qu'un tel style de vie implique d'efforts et de luttes et qu'il découvrira que l'adulte lui-même peut se tromper ou n'être pas « à la hauteur ». Si une telle découverte ne manque pas de le décevoir parfois, elle lui ouvre aussi une porte vers son propre devenir moral: sa tâche est de faire mieux et d'aller plus loin que les modèles qu'il a connus, plutôt que de se contenter de vénérer leur mémoire! Il n'est ni nécessaire, ni utile, croyons-nous, de tromper l'enfant en feignant la perfection, comme le font tant d'adultes car, ou bien il ne sera pas longtemps dupe de cette feinte perfection, et il saura qu'on le trompe, ou bien cette perfection lui apparaissant lointaine, intangible et sidérale, lui semblera à jamais hors d'atteinte et lui paraîtra donc ne pas le concerner.

L'éducateur efficace est proche et accessible, pour pouvoir interpréter les valeurs en termes de la vie enfantine ou juvénile; il l'est aussi pour permettre à l'enfant de se faire une idée de la manière dont «fonctionne» un adulte, si on nous permet cette expression familière. C'est pour toutes ces raisons que l'éducateur autoritaire, tyrannique, dominateur ou dénigreur ne peut faire le compte: il ne fournit que des informations négatives et volontiers dévalorisantes, il inhibe le mouvement de l'enfant vers l'état adulte, il ne stimule nullement le jeune à lui ressembler ou à se rapprocher de lui — tout en éveillant, au mieux, les tendances agressives de celui-ci, si bien qu'il lui ressemblera quand même, mais pas précisément dans ce qu'il y a de meilleur! Il est de prétendus éducateurs qui ont l'art de fermer à l'enfant les voies du devenir adulte: ils font, sans s'en douter, de la contre-éducation.

Peut-être n'est-il pas sans intérêt de rappeler cette enquête de LEEDS et COOK (1947)[42] révélant les principaux défauts que les écoliers reprochent aux maîtres qu'ils n'aiment pas : ce sont les gronderies fréquentes, la mauvaise humeur habituelle et les accès de colère, l'autoritarisme, la tendance à trop parler et à « faire des histoires » pour peu de chose, l'incapacité à partager le point de vue des élèves et, enfin, la propension à donner trop de tâches à domicile. Il est significatif qu'à part ce dernier grief, d'allure « professionnelle », les reproches émis concernent tous des traits altérant les possibilités de contact entre l'enfant et l'éducateur.

Et justement, à côté de son rôle de modèle et d'exemple de cet état adulte vers quoi on tend, l'éducateur a encore une fonction essentielle qui nécessite ce contact et cette proximité : c'est ce qu'on pourrait appeler *sa fonction de témoin, dans le cadre du dialogue éducatif*. Et celle-ci n'est pas une invention des psycho-pédagogues modernes, tant s'en faut !

C'est à ce propos qu'il faut signaler une erreur de perspective fréquemment commise dans l'éducation des instances directrices de la personnalité. Quand il arrive à l'enfant d'enfreindre quelque règle établie, de se comporter de manière peu acceptable ou de commettre une faute plus ou moins grave, l'adulte est le plus souvent porté à sévir d'une manière ou d'une autre et à recourir au blâme, à la remontrance, à la punition. Mais en fait, que se passe-t-il, comment agissons-nous ? On peut distinguer deux choses, également peu profitables l'une et l'autre au développement des instances de contrôles dans un sens adulte.

D'une part, nous attaquons l'enfant, nous mettons en cause l'image favorable et valable qu'il cherche à se faire de lui-même, nous altérons sa perspective de croissance, si l'on peut dire : « Tu es un menteur... tu es un voyou... ». Cette étiquette infamante vient en quelque sorte démentir toutes les motivations positives fondamentales de l'enfant, réduire à néant tous ses efforts antérieurs et toute sa valable ambition. Elle peut à la rigueur l'amener à réfléchir, mais le plus souvent, elle le contraint à se défendre, à se trouver toutes sortes de justifications trompeuses, toutes sortes d'alibis pour contredire notre affirmation péremptoire, à se chercher des excuses qui l'empêcheront d'ailleurs de considérer objectivement sa conduite, car il en sera bientôt dupe. Ou bien, elle le conduit à se révolter, à contre-attaquer en une riposte volontiers rapide et impertinente qui ne pourra qu'aggraver le conflit. Il est évident que ce n'est pas là l'objectif que poursuit l'éducateur conscient !

D'autre part, nous blâmons plus ou moins vivement le méfait commis, le comportement qui s'est manifesté : « Ce que tu as fait est très mal, je ne veux plus que cela se reproduise... ». Autrement dit, aux yeux de l'enfant, l'acte incriminé est mauvais parce qu'il a déplu à l'adulte et l'a contrarié; cet acte est donc à proscrire, à éliminer du répertoire comportemental. Pour ne pas encourir cette colère, l'éventuelle punition qui en est le signe, et surtout la dévalorisation de soi qui s'attache pour l'enfant au mécontentement de l'adulte, il suffira de ne pas répéter l'acte en question et d'être bien attentif à se conformer aux injonctions de l'éducateur. Ce n'est qu'à ce prix que l'enfant retrouvera la bienveillance tutélaire de son aîné et, du même coup, sa sécurité et le sentiment de sa propre valeur. Tout le problème moral consiste donc, dès lors, à être conforme, à être « comme il faut », et c'est bien à cela en effet que se résume toute la morale, pour de nombreux adultes aussi : il suffit de sauver la face ! Ce n'est pas non plus cet objectif-là que poursuit l'éducateur conscient.

Eduquer les instances directrices, ce n'est pas se contenter de blesser un amour-propre, fût-il mal placé, ou se contenter de réprimer certains comportements, fussent-ils en effet inadmissibles. L'essentiel se trouve à un tout autre niveau, et consiste plutôt, croyons-nous, à *aider l'individu à prendre conscience des mobiles qui l'ont fait agir et à éveiller sa réflexion à l'endroit des conséquences que ses actes peuvent entraîner.* La répression modifie sans nul doute le comportement, mais elle n'en modifie généralement pas les mobiles qui, à l'avenir, se manifesteront par d'autres biais et donneront lieu à d'autres comportements qui ne seront pas nécessairement meilleurs, mais probablement plus subtils et plus retors. C'est sans doute la raison pour laquelle si peu d'éducateurs se déclarent satisfaits de leur méthode de discipline : elle ne change rien quant au fond, elle n'amène pas de progrès véritables, parce qu'elle néglige l'essentiel.

Or l'essentiel, on vient de le dire, se situe au niveau des mobiles : les émotions, les sentiments, les motifs auxquels répondent les actes. Ce qui importe, ce n'est pas de tancer ou d'accuser, mais bien d'amener l'enfant à plus de conscience, à plus de réflexion, à une meilleure connaissance de soi et de ses infirmités morales. Aussi s'avère-t-il sans aucun doute plus fructueux de ne pas enfourcher trop vite les grands chevaux de la sacro-sainte conformité aux exigences légitimes ou excessives de l'adulte, en invoquant les principes immuables, de n'être pas trop expéditif et, quoi qu'on en ait, de ne pas courir trop vite aux sanctions. Il est plus important, en effet, d'essayer de tirer parti de la situation, éducativement parlant et, pour cela, de tenter d'abord de comprendre ce qui s'est passé. Pour peu que l'enfant ne se sente pas terriblement menacé dans sa personne par la colère de l'adulte, pour peu qu'on ne l'accule pas à se défendre, à mentir, à inventer des alibis par peur des sanctions sévères dont il a déjà précédemment fait l'expérience cuisante, pour peu enfin que l'éducateur témoigne de maîtrise de soi et de calme, offrant ainsi à l'enfant la sécurité nécessaire, même en plein drame, il est généralement possible d'obtenir de l'enfant qu'il essaye d'exprimer ce qui s'est passé en lui, ce qu'il a éprouvé, comment il en est venu à agir comme il l'a fait. Dès lors, on s'occupe des instances directives qui doivent contrôler les actions, et non plus seulement des actes eux-mêmes.

Il apparaît alors parfois que les mobiles n'ont en eux-mêmes rien de répréhensible et que, par conséquent, l'acte n'a pas non plus la gravité qu'on lui attribuait. Issu de motifs acceptables, il était surtout maladroit, inapproprié, intempestif, mais non tellement coupable. Cette découverte est généralement de nature à faire tomber la sanction, sinon à supprimer la nécessité éventuelle d'une réparation : il est préférable d'amener l'enfant à comprendre en quoi il s'est trompé et à réfléchir aux conséquences de son erreur, en lui indiquant le cas échéant d'autres manières d'arriver à ses fins. On aura de la sorte évité une injustice et une erreur d'éducation.

Mais, au contraire, il arrive aussi souvent que les sentiments et les motifs déclarés comme étant à l'origine de l'acte soient eux-mêmes condamnables : haine avouée d'un compagnon, envie de la propriété d'autrui, désir de nuire ou de porter préjudice, vantardise ou orgueil, manque de courage... On peut évidemment nier ces sentiments ou ces tendances : « Mais non, un garçon comme toi n'a pas de sentiments pareils ! » : c'est lui apprendre à mentir, à dissimuler. On peut aussi les honnir : « Comment peux-tu avoir des sentiments aussi affreux, aussi vils ? » : c'est l'instiguer à les cacher, à se donner le change, où à se décourager... Il faut bien voir que tout cela ne les empêche pas d'exister. Amener l'enfant à les refouler, à les exclure de sa conscience, à croire qu'il ne les a pas éprouvés et qu'il ne les éprouvera plus n'est assurément pas de nature à en favoriser le contrôle ultérieur. Invoquer à leur propos, comme on le fait parfois chez les petits, l'intervention de quelque force maligne, au fond étrangère à l'enfant, n'est pas non plus de nature à développer chez lui le sentiment qu'il est responsable de ses actes.

A la lumière de ce que l'on voit se produire en psychothérapie, nous croyons plutôt que le problème consiste à aider l'enfant à se voir tel qu'il est, à se reconnaître comme le siège d'affects et de sentiments dont certains sont de nature à engendrer des comportements condamnables, et qu'il est utile de l'entraîner à prendre quelque recul à l'égard de lui-même, de ses mobiles et de ses agissements. Pour atteindre cet objectif, nous n'avons sans doute qu'un moyen: amener l'enfant à parler, le laisser parler, l'écouter et, tout en se gardant bien de lui faire des discours pédants et de pontifier, lui montrer que nous le comprenons, que nous savons bien qu'il n'est pas facile d'être toujours en accord avec le meilleur de soi-même et qu'il est dès lors inévitable d'entrer parfois en conflit avec soi et avec les autres. En discutant avec l'enfant des mobiles et des sentiments qui l'ont amené à mentir, à voler, à se livrer à une agression brutale, à peiner un compagnon, on lui donne l'occasion de les objectiver et donc d'acquérir déjà un début de maîtrise à leur égard en en prenant conscience et en prenant position à leur propos. C'est une expérience courante de la pratique psychologique avec les jeunes comme avec les adultes: parler de ce qui ne vas pas, exprimer ce qu'on ressent et surtout ce qui est peu avouable, mettre au jour ses griefs, ses peines, son indignation ou ses défauts constitue généralement un pas vers plus d'objectivité et vers la découverte de la responsabilité que l'on a dans les événements ou dans les situations qui ont déclenché le conflit. Un tel examen de conscience, transformé en échange par la compréhension et les commentaires de l'éducateur, ne manque jamais d'apaiser quelque peu les tensions internes; il y a en outre le mérite considérable d'apprendre à l'enfant quelque chose sur lui-même, de quoi justement la traditionnelle répression le détourne. Bientôt le coupable, déchargé, voit plus clairement où réside la faute; l'éducateur pourra lui faire entrevoir les conséquences de ses actes ainsi que le point de vue de la victime éventuelle et l'aider à envisager des comportements plus positifs, plus conformes à ses motivations de croissance. Et l'on pourra ensemble, si l'enfant n'y vient pas spontanément comme c'est bien souvent le cas, prendre des résolutions progressistes et, le cas échéant, décider des mesures de réparation qui s'imposent.

Dans un tel processus qui, on le répète, n'est pas expéditif, mais lent et coûteux au point de vue énergétique, le court-circuit conformiste qui conduit à la duplicité et à l'inconscience est remplacé par l'éducation des instances directrices; l'enfant y acquiert une meilleure conscience de ce qu'il est en réalité, ainsi que des points qui appellent sa vigilance particulière; il y est initié à son éminente responsabilité d'être humain tout en découvrant sa faiblesse relative. C'est dans ce processus, par excellence, dans cette raisonnable utilisation du conflit, du désaccord et du manquement, que l'éducateur s'avère irremplaçable et qu'aucune «teaching machine» ne le supplantera jamais: lorsqu'il remplit auprès de l'enfant le rôle de témoin de ce que celui-ci a de meilleur en lui et de ce qu'il veut réaliser de meilleur. Sans doute est-il plus facile de s'emporter et de punir, ou encore de laisser faire et d'abandonner l'enfant à ses impulsions, et de ne pas se soucier de «ce qui se passe à l'intérieur», mais nous croyons que c'est précisément cela, par-dessus tout, qui doit être éduqué, et donc d'abord pris en considération. Le problème n'est pas tant de punir le mal que de promouvoir le progrès, l'amélioration, la maturité.

Cette mesure individuelle, attentive aux caractéristiques personnelles de l'enfant, à son intimité et à ses motivations propres, n'a rien de commun avec les séances d'autocritique collective que l'on pratique parfois dans certains groupes de jeunes ou dans certaines écoles, dans un but d'éducation morale. Sans prétendre qu'un examen de conscience collectif soit nécessairement stérile ou néfaste, nous y voyons cependant quelque danger: celui de porter atteinte à l'intimité des sujets et au sentiment de leur dignité, et particulièrement celui de les pousser à la défensive, à la mauvaise foi, au conformisme ou à quelque exhibitionnisme moral: chacun apprend bien vite de quel défaut ou de quel manquement il est de bon ton de s'accuser et comment on peut se justifier en invoquant d'honorables motifs, et faute d'un interlocuteur, individuel, attentif et compréhensif, personne n'apprend à mieux connaître les mobiles de ses actes.

Il ne faut d'ailleurs pas attendre qu'il y ait conflit, ou que les choses prennent un tour dramatique pour que s'établisse un pareil dialogue formatif. On peut même assurer que le dialogue nécessaire à l'éducation des instances directrices ne pourra avoir lieu utilement à l'occasion des conflits et des manquements que s'il est aussi usuel en temps de paix. A toute occasion, au jour le jour, l'adulte n'éduque la personnalité enfantine que si le dialogue est possible, dans lequel l'éduqué se sent la liberté de s'exprimer en toute confiance, à propos de tout et de rien et dans lequel l'éducateur, sans jamais effaroucher cette confiance, ni brimer la spontanéité juvénile, témoigne tout simplement de sa propre maturité et des positions qu'elle l'a amené à prendre, sans d'ailleurs imposer celles-ci comme absolument parfaites et intangibles, ou comme absolument définitives, ni même chercher à les faire passer pour telles. L'éducateur ne donne jamais que *sa* réponse, par ses actes ou ses paroles: elle doit contribuer à permettre à l'enfant de s'en constituer une, graduellement, qui lui soit propre et personnelle. Sinon, il ne deviendra pas moralement un adulte.

Dans cette marche vers l'autonomie, il ne fait aucun doute que l'enfant doive être soutenu et aidé. On ne saurait être trop conscient du fait que, chez le tout petit enfant, la mère remplit vraiment les fonctions d'un « moi extérieur », pour reprendre une formule célèbre, que c'est elle qui assure l'essentiel des instances directrices en lieu et place de l'enfant, bientôt secondée d'ailleurs en cela par le père et, ultérieurement, par d'autres adultes. Ces soutiens extérieurs au petit, ces substituts provisoires, que l'intimité familiale rend si proches qu'ils vont en quelque sorte se confondre avec l'enfant, apparaissent aujourd'hui comme absolument nécessaires, comme *rigoureusement indispensables*. Il faut le répéter, à l'époque du travail professionnel des mères et du surmenage professionnel des pères, à l'époque où ces substituts provisoires ont peut-être trop tendance à devenir fugaces et aléatoires. Tout comme il faut répéter aussi, à l'époque des déplacements institutionnalisés, de la bougeotte chronique et de l'oblitération maladive de tout silence et de toute intimité par le son et par l'image, que l'action indispensable de ces substituts implique entre autres de nombreux moments de calme, de disponibilité et de don de soi, supposant précisément et le temps et l'intimité paisible. On ne fait pas une personne avec du bruit, de la hâte et de l'énervement ! Mais parents et éducateurs doivent savoir aussi que leur rôle du « moi extérieur » n'est que temporaire, et ils doivent vouloir qu'il en soit bien ainsi. Le devenir de l'enfant exige qu'ils remplissent ce rôle à fond, pendant le temps voulu, mais qu'ils sachent bientôt y mettre des limites : *l'enfant n'est pas destiné à se confondre avec ceux qui l'ont mis au monde et qui l'ont élevé;* il est au contraire appelé à s'en différencier. Son jeu n'est pas leur jeu, même si, pendant un temps, il est bon qu'ils aient plaisir à jouer avec lui. Son travail n'est pas leur travail, même si, au début, ils doivent sans doute le soutenir, l'aider et lui montrer comment s'y prendre. Son bulletin scolaire n'est pas leur bulletin, même s'il leur cause de la satisfaction ou de l'inquiétude et, s'il travaille, l'enfant doit comprendre que c'est pour lui, pour son avenir d'homme, et non pour faire plaisir, pour être un bon petit ou un objet de fierté pour autrui. Ses affaires ne sont pas leurs affaires, et s'ils lui ont appris en temps voulu à en prendre soin, c'est à lui par la suite à les entretenir. Nous ne multiplierons pas les exemples, mais nous tenons à souligner ceci : si, par la force des choses, les instances directrices individuelles de l'enfant se confondent au départ avec les adultes tutélaires qui l'entourent, la plus grave erreur que ceux-ci pourraient commettre consiste à favoriser indéfiniment cette confusion initiale et cette dépendance et à continuer de se substituer à l'enfant. Ce faisant, en effet, ils s'interposent entre lui et le monde, ils l'empêchent, à son avantage apparent ou à son désavantage, d'avoir prise sur la réalité. Ce faisant, ils oublient que leur rôle est de lui apprendre à jouer le jeu et non de le jouer à sa place, ou de fausser le jeu en en pipant les dés. Dès le jeune âge et peu à peu, il va de soi, l'individu doit être conduit à savoir que sa vie sera surtout ce qu'il en fera et que nous sommes chacun responsable de notre jeu.

Les instances directrices de la personnalité ne peuvent s'élaborer que dans le cadre d'expériences significatives pour l'enfant, avons-nous dit. Celles-ci nous paraissent impliquer avant tout que l'enfant participe effectivement à la vie d'un groupe par rapport auquel il n'est pas marginal mais, au contraire, central. Cette vie sociale peut se situer aussi bien au niveau de la famille qu'au niveau de la classe ou des groupes de loisirs, et ses modalités différeront évidemment en fonction de l'âge de l'enfant. Bien longtemps, elle sera d'ailleurs inspirée, guidée et orientée par l'éducateur, dont le rôle est beaucoup moins d'imposer l'obéissance, la soumission et la conformité que, par sa présence, son attitude et son exemple, de stimuler la croissance de l'enfant et son désir de se diriger soi-même et d'éveiller l'enfant à la conscience et à la prise en main de ses propres responsabilités. Si l'infirmité morale du petit de l'homme implique qu'il soit longtemps entouré et soutenu, elle ne doit pourtant pas encourager l'adulte à se substituer indéfiniment à lui. La préparation à l'autonomie est forcément graduelle, mais elle commence dès la première année. En soulignant ces trois volets de la formation morale, si souvent négligés, nous ne prétendons pas avoir épuisé la question, on s'en doute bien, mais simplement avoir rappelé l'essentiel. Au demeurant, tout cela n'exclut pas les exemples édifiants ni les discours moralisateurs, si chers à l'adulte, mais contribue peut-être à leur donner un contenu, ancré dans le vécu individuel, sans lequel ils n'ont que la portée toute relative que nous ne leur connaissons que trop bien.

Notes bibliographiques

[1] DEMONQUE, M., GUERON, G. et BOUR, H.: *L'Enfant et l'Avenir*, (p. 64). Prospective, n° 8. Paris, Presses universitaires de France, 1961.

[2] ARMAND, Louis, avec la collaboration de DRANCOURT, M.: *Plaidoyer pour l'Avenir*, (p. 191). Paris, Calmann-Lévy, 1961.

[3] *L'Enfant et l'Avenir*: cf. note 1 ci-dessus (p. 34).

[4] *Ibid.*, (pp. 45-47).

[5] Jean-Jacques ROUSSEAU: *Emile*, livre II. Edition Garnier, Paris, 1929 (p. 97).

[6] VALENTINE, C. W.: *Psychology and its bearing on Education*. London, Methuen, 1952.

[7] OSTERRIETH, Paul-A.: *Introduction à la Psychologie de l'Enfant*. 4e édit. Liège, Georges Thone, 1962 (p. 23).

[8] CLAPAREDE, Edouard: *L'éducation fonctionnelle*. Neuchâtel, Delachaux et Niestlé, 1931.

[9] GOODENOUGH, F.L. et BRIAN, C.R.: « Certain factors underlying the acquisition of motor skill in preschool children. » *Journ. of Experim. Psychol.*, 12, 1929.

[10] DAVIES, D.R.: « The effects of tuition upon the process of learning a complex motor skill. » *Journ. of Educ. Psychol.*, *36*, 1945.

[11] DAVIS, R.A.: *Psychology of Learning*. New York, McGraw-Hill, 1935.

[12] PANLASIGUI, I. et KNIGHT, F.G.: « The effect of awareness of succes or failure ». *Yearbook Nat. Soc. Study of Educ.*, *29, II*, 1930.

[13] SYMONDS, P.M. et CHASE, D.H.: « Practice vs. Motivation ». *Journ. of Educ. Psychol., 20*, 1929.

[14] HOLODNAK, H.B.: « The effect of positive and negative guidance upon maze learning in children ». *Journ. of Educ. Psychol., 34*, 1943.

[15] THOMPSON, G.G. et HUNNICUT, C.W.: « The effects of repeated praise or blame on the work achievement of introverts and extroverts ». *Journ. of Educ. Psychol., 35*, 1944.

[16] HURLOCK, E.B.: « The evaluation of certain incentives used in school work ». *Journ. of Educ. Psychol., 16*, 1925. voir aussi: « The value of praise and reproof as incentive for children ». *Archives of Psychol., 11*, 1924.

[17] DE GROAT, A.F. et THOMPSON, G.G.: « A study of the distribution of teacher approval and disapproval among sixth-grade children ». *Journ. of Experim. Educat., 18*, 1949.

[18] MARQUARDT, D.I.: « The pattern of punishment and its relation to abnormal fixation in adult human subjects ». *Journ. of General Psychol., 39*, 1948.

[19] ROBAYE, F.: *Niveaux d'aspiration et d'expectation*. Paris, Presses Universitaires de France, 1957.

[20] *a*) THORNDIKE, E.L. et FORLANO, G.: The influence of increase and decrease of the amount of reward upon the rate of learning ». *Journ. of Educ. Psychol., 24*, 1933.

b) FORLANO, G.: « School learning with various methods of practice and rewards ». *Teachers' College Contrib. to Educ., n° 688*, 1936.

c) ABEL, L.B.: « The effects of shift in motivation upon the learning of a sensori-motor task ». *Archives of Psychol., 205*, 1936.

[21] SEAGOE, M.V.: *A teacher's Guide to the learning process*. Dubuque, Iowa, W.M.C. Brown Cy., 1956.

[22] MALLER, J.B.: « Cooperation and competition ». *Teachers' College Contrib. to Educ., n° 384*, 1929.

[23] LEUBA, C.J.: « A preliminary analysis of the nature and effects of incentives ». *Psychol. Review, 37*, 1930.

[24] DEESE, J.: *The Psychology of Learning*. New York, McGraw-Hill, 1958.

[25] Cf. note 2, *Plaidoyer pour l'Avenir*, (p. 191).

[26] DELACROIX, Henri: *Les grandes formes de la vie mentale*. Paris, Presses Universitaires de France, (4e édit.) 1947, (p. 128).

[27] MEREDITH, G.: « Consciousness of method as a means of transfer of training ». *Forum of Education, 5*, 1927.

[28] ULMER, G.: « Teaching geometry to cultivate reflective thinking ». *Journ. of Experim. Educat., 8*, 1939.

[29] WHITE, E.E.: *Brit. Journ. of Educat. Psychol., 6*, 1936 cité par VALENTINE, C.W., cf. note 6.

[30] DAVIS, R.A.: cf. note 11.
[31] MAIER, N.R.F.: «An aspect of human reasoning». *Brit. Journn. of Psychol., 24*, 1933, cité par MUNN, N.L.: *Psychology*. London, Harrap & Co, (2e édit.), 1951.
[32] WOODROW, H.: *Journ. of Educ. Psychol., 18*, 1927, cité par WOODWORTH, R.S.: *Psychologie expérimentale* (Traduction Ombredane et Lézine), Paris, Presses Universitaires de France, 1949.
[33] DORSEY, M.F. et HOPKINS, L.T.: «The influence of attitude upon transfer». *Journ. of Educ. Psychol., 21*, 1930.
[34] FORLANO, G.: cf. note 20.
[35] VALENTINE, C.W.: cf. note 6.
[36] JENKINS, J.G. et DALLENBACH, K.M.: «Obliviscence during sleep and working». *Amer. Journ. of Psychol., 35*, 1924.
[37] Mc GEOCH, J.A. et Mc DONALD, W.T.: *Amer. Journ. of Psychol., 43*, 1931, cité par WOODWORTH, R.S.: *Psychologie expérimentale*. Cf. note 32.
[38] KRUEGER, W.C.F.: The effect of overlearning on retention». *Journ. of Experim. Psychol., 12*, 1929 et: «Further studies in overlearning». *Journ. of Experim. Psychol., 13*, 1930.
[39] BARTLETT, F.C.: *Remembering*. Cambridge, University Press, 1932.
[40] LEWIN, K., LIPPITT, R. et WHITE, R.K.: «Patterns of aggressive behavior in experimentally created social climates». *Journ. of Social Psychol., 10*, 1939.
[41] LIPPITT, R.: «An experimental study of the effect of democratic and authoritarian group athmospheres». *Univ. Iowa Studies, n° 3*, 1940.
[42] LEEDS, C.H. et COOK, W.W.: «The construction and differential value of a scale for determining teacher-pupil attitudes». *Journ. of Experim. Educat., 16*, 1947.

Autres ouvrages, non explicitement cités dans le texte:

— DIEL, Paul: *Les principes de l'éducation et de la rééducation*. Delachaux et Niestlé, Neuchâtel, 1961.
— GATES, A., JERSILD, A.T., Mc CONNEL, T.R. et CHAILMAN, R.C.: *Educational Psychology*. New York, Mac Millan, 1948.
— LANGEVELD, M.J.: *Beknopte theoretische Paedagogiek*. Groningen, Wolters, (2e éd.), 1946.
— LINDGREN, H.C.: *Educational psychology in the Classroom*. New York, Wiley, 1956.
— Mc GEOCH, J. et IRION, A.: *Psychology of human learning*. New York, Longmans, 1952.

Table des matières

Printed in Belgium by Solédi - Liège

CHEZ LE MEME EDITEUR

PSYCHOLOGIE ET SCIENCES HUMAINES

collection publiée sous la direction de MARC RICHELLE

1 Dr Paul Chauchard: LA MAITRISE DE SOI, *9e éd.*
5 François Duyckaerts: LA FORMATION DU LIEN SEXUEL, *9e éd.*
7 Paul-A. Osterrieth: FAIRE DES ADULTES, *16e éd.*
9 Daniel Widlöcher: L'INTERPRETATION DES DESSINS D'ENFANTS, *9e éd.*
11 Berthe Reymond-Rivier: LE DEVELOPPEMENT SOCIAL DE L'ENFANT ET DE L'ADOLESCENT, *9e éd.*
12 Maurice Dongier: NEVROSES ET TROUBLES PSYCHOSOMATIQUES, *7e éd.*
15 Roger Mucchielli: INTRODUCTION A LA PSYCHOLOGIE STRUCTURALE, *3e éd.*
16 Claude Köhler: JEUNES DEFICIENTS MENTAUX, *4e éd.*
21 Dr P. Geissmann et Dr R. Durand: LES METHODES DE RELAXATION, *4e éd.*
22 H. T. Klinkhamer-Steketée: PSYCHOTHERAPIE PAR LE JEU, *3e éd.*
23 Louis Corman: L'EXAMEN PSYCHOLOGIQUE D'UN ENFANT, *3e éd.*
24 Marc Richelle: POURQUOI LES PSYCHOLOGUES?, *6e éd.*
25 Lucien Israel: LE MEDECIN FACE AU MALADE, *5e éd.*
26 Francine Robaye-Geelen: L'ENFANT AU CERVEAU BLESSE, *2e éd.*
27 B.F. Skinner: LA REVOLUTION SCIENTIFIQUE DE L'ENSEIGNEMENT, *3e éd.*
28 Colette Durieu: LA REEDUCATION DES APHASIQUES
29 J.C. Ruwet: ETHOLOGIE: BIOLOGIE DU COMPORTEMENT, *3e éd.*
30 Eugénie De Keyser: ART ET MESURE DE L'ESPACE
32 Ernest Natalis: CARREFOURS PSYCHOPEDAGOGIQUES
33 E. Hartmann: BIOLOGIE DU REVE
34 Georges Bastin: DICTIONNAIRE DE LA PSYCHOLOGIE SEXUELLE
35 Louis Corman: PSYCHO-PATHOLOGIE DE LA RIVALITE FRATERNELLE
36 Dr G. Varenne: L'ABUS DES DROGUES
37 Christian Debuyst, Julienne Joos: L'ENFANT ET L'ADOLESCENT VOLEURS
38 B.-F. Skinner: L'ANALYSE EXPERIMENTALE DU COMPORTEMENT, *2e éd.*
39 D.J. West: HOMOSEXUALITE
40 R. Droz et M. Rahmy: LIRE PIAGET, *3e éd.*
41 José M.R. Delgado: LE CONDITIONNEMENT DU CERVEAU ET LA LIBERTE DE L'ESPRIT
42 Denis Szabo, Denis Gagné, Alice Parizeau: L'ADOLESCENT ET LA SOCIETE, *2e éd.*
43 Pierre Oléron: LANGAGE ET DEVELOPPEMENT MENTAL, *2e éd.*
44 Roger Mucchielli: ANALYSE EXISTENTIELLE ET PSYCHOTHERAPIE PHENOMENO-STRUCTURALE
45 Gertrud L. Wyatt: LA RELATION MERE-ENFANT ET L'ACQUISITION DU LANGAGE, *2e éd.*
46 Dr Etienne De Greeff: AMOUR ET CRIMES D'AMOUR
47 Louis Corman: L'EDUCATION ECLAIREE PAR LA PSYCHANALYSE
48 Jean-Claude Benoit et Mario Berta: L'ACTIVATION PSYCHOTHERAPIQUE

49 T. Ayllon et N. Azrin: TRAITEMENT COMPORTEMENTAL EN INSTITUTION PSYCHIATRIQUE
50 G. Rucquoy: LA CONSULTATION CONJUGALE
51 R. Titone: LE BILINGUISME PRECOCE
52 G. Kellens: BANQUEROUTE ET BANQUEROUTIERS
53 François Duyckaerts: CONSCIENCE ET PRISE DE CONSCIENCE
54 Jacques Launay, Jacques Levine et Gilbert Maurey: LE REVE EVEILLE-DIRIGE ET L'INCONSCIENT
55 Alain Lieury: LA MEMOIRE
56 Louis Corman: NARCISSISME ET FRUSTRATION D'AMOUR
57 E. Hartmann: LES FONCTIONS DU SOMMEIL
58 Jean-Marie Paisse: L'UNIVERS SYMBOLIQUE DE L'ENFANT ARRIERE MENTAL
59 Jacques Van Rillaer: L'AGRESSIVITE HUMAINE
60 Georges Mounin: LINGUISTIQUE ET TRADUCTION
61 Jérôme Kagan: COMPRENDRE L'ENFANT
62 Michael S. Gazzaniga: LE CERVEAU DEDOUBLE
63 Paul Cazayus: L'APHASIE
64 X. Seron, J.L. Lambert, M. Van der Linden: LA MODIFICATION DU COMPORTEMENT
65 W. Huber: INTRODUCTION A LA PSYCHOLOGIE DE LA PERSONNALITE, *2e éd.*
66 Emile Meurice: PSYCHIATRIE ET VIE SOCIALE
67 J. Château, H. Gratiot-Alphandéry, R. Doron et P. Cazayus: LES GRANDES PSYCHOLOGIES MODERNES
68 P. Sifnéos: PSYCHOTHERAPIE BREVE ET CRISE EMOTIONNELLE
69 Marc Richelle: B.F. SKINNER OU LE PERIL BEHAVIORISTE
70 J.P. Bronckart: THEORIES DU LANGAGE
71 Anika Lemaire: JACQUES LACAN, *2e éd. revue et augmentée*
72 J.L. Lambert: INTRODUCTION A L'ARRIERATION MENTALE
73 T.G.R. Bower: DEVELOPPEMENT PSYCHOLOGIQUE DE LA PREMIERE ENFANCE
74 J. Rondal: LANGAGE ET EDUCATION
75 Sheila Kitzinger: PREPARER A L'ACCOUCHEMENT
76 Ovide Fontaine: INTRODUCTION AUX THERAPIES COMPORTEMENTALES
77 Jacques-Philippe Leyens: PSYCHOLOGIE SOCIALE, *2e éd.*
78 Jean Rondal: VOTRE ENFANT APPREND A PARLER
79 Michel Legrand: LE TEST DE SZONDI
80 H.J. Eysenck: LA NEVROSE ET VOUS
81 Albert Demaret: ETHOLOGIE ET PSYCHIATRIE
82 Jean-Luc Lambert et Jean A. Rondal: LE MONGOLISME
83 Albert Bandura: L'APPRENTISSAGE SOCIAL
84 Xavier Seron: APHASIE ET NEUROPSYCHOLOGIE
85 Roger Rondeau: LES GROUPES EN CRISE?
86 J. Danset-Léger: L'ENFANT ET LES IMAGES DE LA LITTERATURE ENFANTINE
87 Herbert S. Terrace: NIM, UN CHIMPANZE QUI A APPRIS LE LANGAGE GESTUEL
88 Roger Gilbert: BON POUR ENSEIGNER?
89 Wing, Cooper et Sartorius: GUIDE POUR UN EXAMEN PSYCHIATRIQUE
90 Jean Costermans: PSYCHOLOGIE DU LANGAGE
91 Françoise Macar: LE TEMPS, PERSPECTIVES PSYCHOPHYSIOLOGIQUES
92 Jacques Van Rillaer: LES ILLUSIONS DE LA PSYCHANALYSE, *2e éd.*
93 Alain Lieury: LES PROCEDES MNEMOTECHNIQUES

94 Georges Thinès: PHENOMENOLOGIE
ET SCIENCE DU COMPORTEMENT
95 Rudolph Schaffer: COMPORTEMENT MATERNEL
96 Daniel Stern: MERE ET ENFANT, LES PREMIERES RELATIONS
97 R. Kempe & C. Kempe: L'ENFANCE TORTUREE
98 Jean-Luc Lambert: ENSEIGNEMENT SPECIAL
ET HANDICAP MENTAL
99 Jean Morval: INTRODUCTION A LA PSYCHOLOGIE
DE L'ENVIRONNEMENT
100 Pierre Oleron et al.: SAVOIRS ET SAVOIR-FAIRE
PSYCHOLOGIQUES CHEZ L'ENFANT
101 Bernard I. Murstein: STYLES DE VIE INTIME
102 Rondal / Lambert / Chipman: PSYCHOLINGUISTIQUE
ET HANDICAP MENTAL
103 Brédart / Rondal: L'ANALYSE DU LANGAGE CHEZ L'ENFANT
104 David Malan: PSYCHODYNAMIQUE
ET PSYCHOTHERAPIE INDIVIDUELLE
105 Philippe Muller: WAGNER PAR SES REVES
106 John Eccles: LE MYSTERE HUMAIN
107 Xavier Seron: REEDUQUER LE CERVEAU
108 Moreau / Richelle: L'ACQUISITION DU LANGAGE
109 Georges Nizard: ANALYSE TRANSACTIONNELLE
ET SOIN INFIRMIER
110 Howard Gardner: GRIBOUILLAGES ET DESSINS D'ENFANTS,
LEUR SIGNIFICATION
111 Wilson / Otto: LA FEMME MODERNE ET L'ALCOOL
112 Edwards: DESSINER GRACE AU CERVEAU DROIT
113 Rondal: L'INTERACTION ADULTE-ENFANT
114 Blancheteau: L'APPRENTISSAGE CHEZ L'ANIMAL
115 Boutin: FORMATION ET DEVELOPPEMENTS
116 Húsen: L'ECOLE EN QUESTION
117 Ferrero / Besse: L'ENFANT ET SES COMPLEXES
118 R. Bruyer: LE VISAGE ET L'EXPRESSION FACIALE
119 J.P. Leyens: SOMMES-NOUS TOUS DES PSYCHOLOGUES?
120 J. Château: L'INTELLIGENCE OU LES INTELLIGENCES?
121 M. Claes: L'EXPERIENCE ADOLESCENTE
122 J. Hayes et P. Nutman: COMPRENDRE LES CHOMEURS
123 S. Sturdivant: LES FEMMES ET LA PSYCHOTHERAPIE
124 A. Pomerleau et G. Malcuit: L'ENFANT ET SON ENVIRONNEMENT
125 A. Van Hout et X. Seron: L'APHASIE DE L'ENFANT
126 A. Vergote: RELIGION, FOI, INCROYANCE
127 Sivadon / Fernandez-Zoïla: TEMPS DE TRAVAIL, TEMPS DE VIVRE
128 Born: JEUNES DEVIANTS OU DELINQUANTS JUVENILES?
129 Hamers / Blanc: BILINGUALITE ET BILINGUISME
130 Legrand: PSYCHANALYSE, SCIENCE, SOCIETE
131 Le Camus: PRATIQUES PSYCHOMOTRICES
132 Lars Fredén: ASPECTS PSYCHOSOCIAUX DE LA DEPRESSION
133 Mount: LA FAMILLE SUBVERSIVE
134 Magerotte: MANUEL D'EDUCATION
COMPORTEMENTALE CLINIQUE
135 Dailly / Moscato: LATERALISATION ET LATERALITE
CHEZ L'ENFANT
136 Bonnet / Tamine-Gardes: QUAND L'ENFANT PARLE DU LANGAGE
137 Bruyer: LES SCIENCES HUMAINES ET LES DROITS DE L'HOMME
138 Taulelle: L'ENFANT A LA RENCONTRE DU LANGAGE
139 de Boucaud: PSYCHOLOGIE DE L'ENFANT ASTHMATIQUE
140 Duruz: NARCISSE EN QUETE DE SOI

141 Feyereisen / de Lannoy: PSYCHOLOGIE DU GESTE
142 Florin et al.: LE LANGAGE A L'ECOLE MATERNELLE
143 Debuyst: MODELE ETHOLOGIQUE ET CRIMINOLOGIE
144 Ashton / Stepney: FUMER
145 Winkel et al.: L'IMAGE DE LA FEMME DANS LES LIVRES SCOLAIRES
146 Bideaud / Richelle: PSYCHOLOGIE DEVELOPPEMENTALE
147 Schmid-Kitsikis: THEORIE CLINIQUE ET FONCTIONNEMENT MENTAL
148 Guggenbühl / Craig: POUVOIR ET RELATION D'AIDE
149 Rondal: LANGAGE ET COMMUNICATION CHEZ LES HANDICAPES MENTAUX
150 Moscato et al.: FONCTIONNEMENT COGNITIF ET INDIVIDUALITE
151 Château: L'HUMANISATION OU LES PREMIERS PAS DES VALEURS HUMAINES
152 Avery / Litwack: NEE TROP TOT
153 Rondal: LE DEVELOPPEMENT DU LANGAGE CHEZ L'ENFANT TRISOMIQUE 21
154 Kellens: QU'AS-TU FAIT DE TON FRERE?
155 Rondal / Henrot: LE LANGAGE DES SIGNES
156 Lafontaine: LE PARTI PRIS DES MOTS
157 Bonnet / Hoc / Tiberghien: AUTOMATIQUE, INTELLIGENCE ARTIFICIELLE ET PSYCHOLOGIE
158 Giovannini et al.: PSYCHOLOGIE ET SANTE
159 Wilmotte et al.: LE SUICIDE
160 Giurgea: L'HERITAGE DE PAVLOV
161 Ionescu: MANUEL D'INTERVENTION EN DEFICIENCE MENTALE
163 Pieraut-Le Bonniec: CONNAITRE ET LE DIRE
164 Huber: PSYCHOLOGIE CLINIQUE AUJOURD'HUI
165 Rondal et al.: PROBLEMES DE PSYCHOLINGUISTIQUE
166 Slukin: LE LIEN MATERNEL
167 Baudour: L'AMOUR CONDAMNE
168 Wilwerth: VISAGES DE LA LITTERATURE FEMININE
169 Edwards: VISION, DESSIN, CREATIVITE
170 Lutte: LIBERER L'ADOLESCENCE
171 Defays: L'ESPRIT EN FRICHE
172 Broome Walace: PSYCHOLOGIE ET PROBLEMES GYNECOLOGIQUES
173 Aimard: LES BEBES DE L'HUMOUR
174 Perruchet: LES AUTOMATISMES COGNITIFS
175 Barwin-Legros: FAMILLES, MARIAGE, DIVERCE
176 Pourtois / Desmet: EPISTEMOLOGIE ET INSTRUMENTATION EN SCIENCES HUMAINES

Hors collection

Paisse: PSYCHOPEDAGOGIE DE LA LUCIDITE
Paisse: ESSENCE DU PLATONISME
Collectif: SYSTEME AMDP
Boulangé/Lambert: LES AUTRES, L'EXPRESSION ARTISTIQUE CHEZ LES HANDICAPES MENTAUX

Manuels et Traités

2 Thinès: PSYCHOLOGIE DES ANIMAUX
3 Paulus: LA FONCTION SYMBOLIQUE ET LE LANGAGE
4 Richelle: L'ACQUISITION DU LANGAGE
5 Paulus: REFLEXES-EMOTIONS-INSTINCTS
Droz-Richelle: MANUEL DE PSYCHOLOGIE
Hurtig-Rondal: MANUEL DE PSYCHOLOGIE DE L'ENFANT (Tome 1)
Hurtig-Rondal: MANUEL DE PSYCHOLOGIE DE L'ENFANT (Tome 2)
Hurtig-Rondal: MANUEL DE PSYCHOLOGIE DE L'ENFANT (Tome 3)
Rondal-Seron: LES TROUBLES DU LANGAGE (DIAGNOSTIC ET REEDUCATION)
Fontaine/Cottraux/Ladouceur: CLINIQUES DE THERAPIE COMPORTEMENTALE
Godefroid : LES CHEMINS DE LA PSYCHOLOGIE